passion

ST raum a. LANDSCHAFTSARCHITEKTUR

Herausgegeben von
Edited by
KRISTIN FEIREISS

Projekttexte, Einführungen in die Kapitel, Bildredaktion
Project texts, chapter introductions, picture research
KATRIN KLINGBERG

Essay
FALK JAEGER

PRESTEL
MÜNCHEN · BERLIN · LONDON · NEW YORK

Inhalt Contents

94 lernen learn

142 arbeiten work

228   wohnen reside

Tobias Micke, Katrin Klingberg, Stefan Jäckel

Vorwort Preface

KRISTIN FEIREISS

Wollte man das 21. Jahrhundert mit einem Begriff etikettieren, würde man es sicher das „Jahrhundert der Stadt" nennen oder wie es der Kurator der Architekturbiennale in Venedig 2006 Ricky Burdett bezeichnet hat: „Urban Age". Das Thema Urbanität in all seinen Facetten – von der schrumpfenden Stadt bis zur Megastadt – hat zu keiner Zeit die Debatte über Architektur und Stadtplanung im Kontext gesellschaftlicher, politischer, kultureller und demographischer Entwicklungen so geprägt wie gerade jetzt. Statistische Erhebungen der vergangenen 100 Jahre verdeutlichen die Brisanz: Lebten um 1900 rund 10 Prozent der Bevölkerung in Städten, waren es 2007 bereits 50 Prozent und die Prognose für 2050 bewegt sich in Richtung 75 Prozent.

Dass die Stadt inzwischen auch ein Schwerpunkt der Landschaftsarchitektur geworden ist, und man sich ihr sogar ganz verschreiben kann, zeigen die Arbeiten von ST raum a., die in dieser Publikation mit dem bezeichnenden Titel „Passion City" vorgestellt werden.

Die Hinwendung zur und das Engagement für die Stadt sind für Stefan Jäckel, Katrin Klingberg und Tobias Micke keine vorübergehende Laune. Sie folgen auch nicht dem aktuellen Trend. In der Landschaftsarchitektur nehmen sie vielmehr eine Vorreiterrolle ein, was sich auch im Namen ihres 1991 gegründeten Büros ST raum a. manifestiert. Er steht, wie im nachfolgenden Interview dargelegt, gleichermaßen für Stadt, Raum und Architektur. Landschaftsarchitektur ist für das Büro integraler Bestandteil der Stadt und damit der Stadtentwicklung. ST raum a.

Should one wish to put a label on the 21st century, one would probably come up with "the century of the city", or as Ricky Burdett, curator of the 2006 Venice Architecture Biennale, called it: the urban age. Urbanity in all its facets – from shrinking cities to mega-cities – in its social, political, cultural and demographic context has never before dominated architecture and urban planning debate as it does now. Statistics from the last one hundred years point to this explosive situation: whilst in 1900 approximately 10 per cent of the population lived in cities, by 2007 the figure had risen to 50 per cent and the projection for 2050 is for around 75 per cent.

The fact that the city has now become the focus of landscape architecture and that there are some practitioners who commit themselves to it in full is illustrated by ST raum a.'s work and new publication with the telling title of "Passion City".

The devotion to and enthusiasm for the city is not just a passing fad for Stefan Jäckel, Katrin Klingberg and Tobias Micke. Nor are they simply following a current trend. They have taken on a pioneering role in landscape architecture, and this is embodied in the name of their practice, ST raum a., founded in 1991. As is explained in the subsequent interview, it stands equally for "Stadt" (city), "Raum" (space) and "Architektur" (architecture). This practice considers landscape architecture an integral part of the city and, consequently, of urban development. ST raum a. does not necessarily

will aber nicht zwangsläufig das Grün in die Stadt holen, sondern „lebendige Freiräume mit bleibendem Wert" – so das Leitmotiv des Büros – schaffen.

In allen Arbeiten von sт raum a. – von der Platzgestaltung in München, der Fußgängerzone in Wiesbaden bis zu den Außenanlagen der Otto-Hahn-Schule in Berlin – immer geht es um die Verbesserung der innerstädtischen Lebensqualität. Im Mittelpunkt steht dabei der Nutzer, der Mensch, mit all seinen Bedürfnissen und Erwartungen.

Diese Herangehensweise bestimmt auch den Aufbau des vorliegenden Buches, das die vielfältigen Projekte von sт raum a. bewusst nicht chronologisch präsentiert, sondern vielmehr unter dem Gesichtspunkt der Nutzung dem Erleben, Erholen, Arbeiten, Wohnen und Lernen zuordnet, selbst wenn es dabei naturgemäß zu Überschneidungen und Überlagerungen kommt.

Die großen Herausforderungen an eine zeitgemäße Freiraumplanung für die Städte, die sich heute alle im Wandel befinden, hat sт raum a. bereits angenommen und in ihren Projekten auf kreative, sensible und innovative Weise umgesetzt.

want to bring the green of the countryside into the city, but rather create "vibrant open spaces of lasting value" – as professed through their leitmotif.

From the design of an urban square in Munich to the pedestrian zone in Wiesbaden and the open spaces at Otto-Hahn-Schule in Berlin – the focus of sт raum a.'s work is always on improving the quality of life in urban areas. At the core is the user, the human being with all his needs and expectations.

This same approach is echoed in the book's structure, which deliberately avoids listing the diverse projects of sт raum a. in chronological order, but instead presents them according to aspects of use: experiencing, relaxing, working, living and learning – even if this leads to inevitable crossovers and overlap.

The immense challenges facing contemporary landscape architecture in our cities, right now all undergoing a process of change, are already being addressed in the projects of sт raum a., and they are being implemented in a creative, sensitive and innovative way.

FALK JAEGER

■ **Zum Nutzen der Stadt, zum Vergnügen der Einwohner**
Über den Wandel der Bedeutung von Garten und Landschaft im städtischen Kontext

„Ein bisschen Grün", das ist es, was Städter suchen. Die Sehnsucht nach Natur in der Stadt ist in den vergangenen drei Jahrhunderten stetig gewachsen. Das Mittelalter kannte keine Straßenbäume innerhalb der Stadt. Dicht drängten sich die Häuser auf begrenztem Areal im Schutz der Mauer. Allenfalls in Blockinnenräumen war etwas Gartenbau möglich, konnte ein Apfelbaum sein Dasein fristen. Naturerlebnis war kein Ziel der Lebensgestaltung. Drei Minuten bis vor das Stadttor und man war im Grünen.

Als die fortifikatorisch nutzlos gewordenen Mauern fielen und die Stadt ihre Grenzen sprengen konnte, reagierte auch die Bauwelt mit einer raumgreifenden Entwicklung des Einzelbaus und mit einer neuen Disziplin, dem Städtebau, der Stadtgestaltung. Straßen wurden als Achsen gesehen, wichtige Gebäude in Szene gesetzt. Häuser wurden zu solitären Objekten, die Platz und Umraum beanspruchten. Als das Grün die Stadt zu erobern begann, geschah dies also zunächst nicht als Kompensation für den Verlust der Natur im städtischen Kontext (die war immer noch zu Fuß erreichbar), sondern als formaler Akt gestalterischer Ambitionen. Der als Garten gestaltete Umraum als Passepartout für ein Gebäude, der Baum als architektonisches Element zur Attributierung von Architektur und zur Ensemblebildung, Alleebäume zur

■ **For the benefit of the city, for the pleasure of the citizens**
On the changing significance of gardens and landscapes in the urban context

"A green patch" is what city folk yearn for. The longing for nature within the city has been steadily increasing during the past three centuries. Street trees were unheard of in the Middle Ages. Houses were huddled together in the limited space confined by the protecting walls. Courtyards offered some space, if at all, for horticulture – for an apple tree to thrive perhaps. Experiencing nature was not one of life's objectives. Nature was on hand three minutes outside the town gates.

When the walls fell and were deprived of their fortifying function and when the city broke through the confines of its boundaries, the building world responded with space-consuming developments of single dwellings and came up with a new discipline – town planning. Streets were turned into axes, important buildings were staged. Buildings became isolated objects that needed a sizeable amount of space around them. When green areas started to conquer the towns, the aim was not to compensate the loss of nature in the urban context (it was still within walking distance), but was a formal act of design ambition. The garden designed as a frame around the building, the tree an architectural element and an adjunct for architecture, for forming ensembles, or avenues to create imperial axes;

Ausformulierung imperialer Achsen, diese Aufgaben hatte man ab dem 17. Jahrhundert der Natur in der Stadt zugewiesen.

Wie diese Natur zu behandeln sei, diese Frage reflektierten neben Gartenarchitekten auch Künstler, Dichter und Philosophen. Ob die geometrische Anlage eines Gartens der Schönheit diene oder ob die regelmäßige Form der Natur zuwiderlaufe und nur die Freiheit und Zwanglosigkeit „natürlich" und deshalb schön sei, ist Gegenstand eines Theoriedisputs, der in aristokratischen Kreisen und in den philosophischen Salons geführt wurde. Die Frage hatte auch politische Dimensionen, denn die Gleichstellung von zurechtgestutzter Natur mit absolutistischer Herrschaft und unberührter Natur mit Liberalität war ein literarischer Topos im späten 18. Jahrhundert. Französisches Parterre oder englischer Landschaftsgarten, diese beiden Alternativen boten sich dem Auftraggeber, wenn es galt, den Schlosspark oder den Garten des Herrenhauses zu gestalten. Manch einer konnte sich nicht entscheiden und ließ sich beides zugleich anlegen.

Es waren die Städte der industriellen Revolution im 19. Jahrhundert, die den Menschen von der Natur soweit entfremdeten, dass seine Lebensumstände ungesund und existenzbedrohend wurden. Die englischen Industriestädte mit ihrer beispiellosen Dichte, dem Lärm und dem die Sonne verdunkelnden Smog machten die Defizite offensichtlich. Den Menschen fehlte jegliche Möglichkeit der Erholung, der Regeneration, wie sie die Natur bieten konnte. So war die Misere in England schon im ersten Drittel des 19. Jahrhunderts evident und führte zum Public Health Movement und zu zahlreichen Kommissionen, die zumindest das Bewusstsein für die Missstände weckten. Reformgesetze hatten ab der Mitte des Jahrhunderts die Verbesserung der Stadthygiene und der Wohnverhältnisse zum Ziel, doch erst im letzten Viertel des 19. Jahrhunderts hatte die Public Health

these were the tasks assigned to nature in the city from the 17th century onwards.

What, then, to do with this nature was a question reflected upon by garden architects along with artists, poets and philosophers. Whether the geometric layout of a garden enhances its beauty or whether its regular shapes are contrary to nature and whether only liberty and informality can be "natural" and, therefore, beautiful, were the topics of theoretical dispute conducted in aristocratic circles and philosophical salons. The question also had a political dimension; noting the correspondence of clipped nature with absolutist power and untouched nature with liberty was a literary topos in the late 18th century. French parterre or English landscape park, these were the two alternatives facing clients when laying out the grounds of their castles or the gardens of their manor houses. Some couldn't decide and so had both.

The 19th-century cities of the industrial revolution alienated man from nature to such an extent that his living conditions became unhealthy and were a threat to his survival. The English industrial towns with their unprecedented densities, noise and smog blocking out the sun exposed these shortcomings. People had no provision for recreation or regeneration as offered by nature. And so this misery became evident in England in the first third of the 19th century and led to the Public Health Movement and numerous commissions that at least raised awareness of the plight. Reform legislation to improve urban hygiene and housing was introduced in the second half of the century, but it was not until the last quarter of the 19th century that the Public Health Movement gained enough influence to have an impact on urban regeneration.

From this point on, landscape architecture was a discipline inseparably linked with

Movement genügend Einfluss gewonnen, um die Stadterneuerung entscheidend zu prägen.

Fortan gehörte die Grünplanung untrennbar zur Disziplin der Stadtplanung. Straßengrün, Baumreihen, gärtnerisch angelegte Stadtplätze und Parks waren nicht nur unverzichtbar Bestandteil der städtischen Infrastruktur, sondern willkommene Gestaltungselemente der städtebaulichen Kompositionen.

In Berlin war es Peter Joseph Lenné, der in seinen Planungen im zweiten Drittel des Jahrhunderts Parks, Grünzüge und Spazierwege als Erholungseinrichtungen „für alle Stände" vorsah. Wohl der Stadt, die sich beim sprunghaften Wachstum das königliche Jagdgebiet eines Tiergartens, eines Hyde Park, Djurgården oder Bois de Boulogne einverleiben und zum öffentlichen Park umwidmen konnte. Der Charlottenburger Tiergarten wurde von Lenné ab 1819 in einen solchen Erholungsort umgeformt. Doch die Bürger sollten sich in dem freigegebenen Park nicht nur erholen, sondern der Ort „erlebnisreicher Spaziergänge und anregenden Aufenthaltes" sollte auch der „moralischen Erbauung" dienen, wozu zahlreiche Denkmäler allerlei hochgestellter Persönlichkeiten, Allegorien sowie der Befreiungskriege bestimmt waren.

Lenné war ein Glücksfall, war für ihn doch Stadtplanung und Landschaftsplanung eine untrennbare Einheit. Neben dem Nutzen für die Stadt hatte er immer auch das „Vergnügen der Einwohner" im Blick, aber auch deren Wohlergehen und Gesundheit, weshalb er für ausreichend Spazierwege und Grünzüge Sorge trug.

Stadt und Land zu versöhnen war ein weiteres Anliegen Lennés, und so entwickelte er die ganze Bandbreite der Landschaftsarchitektur vom domestizierten innerstädtischen Straßengrün über den Schmuckplatz und den Landschaftsgarten bis hin zum „Preußisch Arkadien" rings um Potsdam mit seinen

town planning. Green streets, rows of trees, town squares and parks designed and laid out were not only essential constituents of the urban infrastructure, but also a welcome element in the design of urban compositions.

In Berlin, Peter Joseph Lenné was responsible for introducing parks, green corridors and boulevards for the recreation of "all classes" in the second third of the century. The cities that appropriated royal hunting grounds such as Tiergarten, Hyde Park, Djurgården or Bois de Boulogne, and redesignated them as public parks did well at a time of erratic urban growth. Lenné began to transform the Tiergarten at Charlottenburg into such a place of recreation from 1819. Citizens were not meant to merely rest in the public park, but use it for "eventful walks in a stimulating environment" that should also serve as "moral uplift", helped in this by numerous sculptures of various high-ranking personages, allegories and wars of liberation.

Lenné was a piece of good fortune, since he considered town planning and landscape architecture an inseparable unit. Next to the benefits to the town he always had the "pleasure of the citizens" at heart as well as their well-being and health, and therefore incorporated a sufficient number of walks and green spaces in his plans.

The reconciliation of city and countryside was another of Peter Joseph Lenné's concerns, and so he branched out across the entire spectrum of landscape architecture, from inner urban green streets, ornamental squares and landscape parks to the "Prussian Arcadia" around Potsdam with hierarchically graded interventions extending into the landscape, allowing the kempt and idealised park with its landscape impressions to merge unnoticed into the open countryside.

hierarchisch abgestuften Eingriffen in die Landschaft, wodurch der gepflegte idealisierte Park mit seiner Landschaftsimagination unmerklich ins weite, offene Land übergeht.

Gegen Ende des Jahrhunderts gewann die Volksparkidee an Gewicht. Hintergrund war die nüchterne Erkenntnis, dass gepflegte Parks, in denen man nur gesittet wandeln und sich den „empfindsamen Sensationen" hingeben konnte, nicht mehr die handfesteren Bedürfnisse breiter Bevölkerungsschichten abdecken konnten. In Berlin, aber auch in Hamburg, im Ruhrgebiet und selbst in kleinen süddeutschen Städten wie Reutlingen entstanden „Volkspark" genannte kommunale Grünanlagen, die neben dem Naturerlebnis, neben ästhetisierenden oder didaktischen Gartenanlagen, Aussichts- und Ruheplätzen auch Flächen für Spiel und Sport zur Verfügung stellten. Hier gab es die Möglichkeit, private Feiern zu organisieren, Musik- und Vergnügungsveranstaltungen abzuhalten und Gartenlokalitäten zu besuchen, hier gab es Volksbelustigung bei Schwarzbier und Salzgurken. Festwiese, Freibad, Planetarium, Freilichtbühne, Stadion, vielfältigste Einrichtungen haben sich in den Volksparks entwickelt und decken seit jener Zeit ein großes Spektrum an Freizeitbedürfnissen der Städter ab.

Um die Jahrhundertwende brachte der Paradigmenwechsel in Architektur und Städtebau auch in der Landschaftsarchitektur den entscheidenden Umbruch. Das städtebauliche Denken wandte sich vom durch Randbebauung definierten Straßen- und Stadtraum dem offenen Raum zu, in dem die Gebäude als Solitäre platziert sind. Der Umbau des Stadtraums im Sinne der Charta von Athen zu einer offenen Stadtlandschaft wies der Natur eine neue Rolle zu. Statt „architektonischem Grün" war „natürliches Grün" gefragt. Statt geordnete, auf ästhetische Wirkung hin gestaltete, pflegeintensive Gartenanlagen informelle, nutzungsbezogen kaum definierte „Landschaft" um Wohnblocks und Verkehrs-

At the end of the century, the concept of the public park gained importance. The background of this sobering insight was that well-tended parks in which one could wander about in a civilised manner and indulge in "delicate sensations" could no longer meet the robust needs of a large section of the population. In Berlin and Hamburg, in the Ruhr region and even in small southern German cities like Reutlingen, municipal gardens called "Volkspark" were laid out. Next to offering an experience of nature, aesthetic or didactic gardens, viewpoints and seating areas, they also provided play areas and sports pitches. They were places for hosting private parties, staging music events and other amusements and for visiting garden pubs with public entertainments while enjoying stout and pickled gherkins. Festival grounds, lidos, planetariums, amphitheatres, stadiums and multifaceted facilities have developed in the Volksparks, and since then have covered a large proportion of the recreational needs of city dwellers.

At the turn of the century, the paradigm shift in architecture and urban design also brought about a crucial change for landscape architecture. Town-planning doctrine shifted from streets and urban spaces, which were defined by buildings, towards open spaces in which free-standing buildings were placed. With the transformation of cities into an open "townscape" in the sense of the Charter of Athens, nature was assigned a new role. "Architectural green" rather than "natural green" was in demand. Instead of regimented, high-maintenance gardens designed for their aesthetic effect, a preference emerged for informal, user-oriented and barely defined "landscapes" around housing estates and along traffic arteries. Nature in the cities soon degenerated into "green buffers", and many deteriorated rapidly with intense use and a lack of precise zoning, allocation of uses or responsibilities. Landscape architects speak disrespectfully

schneisen. Die Natur in der Stadt degenerierte freilich bald zu unansehnlichem „Abstandsgrün", das bei intensiver Nutzung mangels präziser Zonierung, Zweckbestimmung und Zuständigkeiten oftmals rasch verkam. Von Langzeitschäden durch den Städtebau sprechen die Landschaftsplaner despektierlich. Scharouns Idealvorstellung für das neue Berlin von einem grünen Tal, das sich durch die Stadt zieht, erwies sich als Albtraum. „Unberührte Natur" ließ sich in der Stadt nicht etablieren. Stadt und Land konnte man nicht zusammenzwingen.

Als im Berlin der 1970er-Jahre, bedingt durch die politische Situation, die Idee der Demokratisierung des öffentlichen Raums auch die Grünanlagen erfasste, die Brachflächen stillgelegter Bahnanlagen ins Blickfeld gerieten, in Baulücken Abenteuerspielplätze und Biotope angelegt wurden, Spontan- und Ruderalvegetation als ökologisch wertvoll galten und den gepflegten historischen Gartenanlagen vorgezogen wurden, war dies dann doch nur ein Zwischenspiel. Im Tegeler Forst wurden einige Lurch- und Wildwechselbrücken gebaut und auf dem Gelände des Anhalter Güterbahnhofs gelang es, Begehrlichkeiten einer intensiven Nutzung abzuwehren und das Biotop, das sich seit der Stilllegung der Bahnanlagen nach der Teilung Berlins entwickelt hatte, zu bewahren.

Mittlerweile hat ein Umdenken eingesetzt. Im Zusammenhang mit der Neubewertung der europäischen Stadt, der Renaissance der Innenstadt als Wohnort und der Rekonstruktion des Stadtraumes werden historische Gartenanlagen wieder hoch geschätzt. Berlin spielt auch hier eine Vorreiterrolle und ist stolz auf die gartendenkmalgerechte Rekonstruktion seiner Parks und Anlagen aus den vergangenen zwei Jahrhunderten.

Ein neues Stadtgefühl hat die Bewohner der Städte erfasst. Die elektronischen Medien haben es nicht im befürchteten Maß

of the long-term damage caused by urban planning. Scharoun's ideal conception of a new Berlin traversed by a green valley turned out to be a nightmare. "Unspoilt nature" could not be established in cities. City and country could not be forced to merge together.

In 1970s Berlin, as a result of the political situation, the idea of democratisation of the public realm extended into the parks, the focus turned towards disused railway sidings and adventure playgrounds, habitats were left to develop on infill sites, pioneer and ruderal vegetation was considered valuable and superior to the well-kept historical gardens, but this proved to be a passing phase. Several bridges to accommodate amphibians and deer passes were built in the Tegel Forest, and on the Anhalter freight yard site the greed for intense use was staved off to protect the ecological habitat which had developed after the discontinued use of the railway sidings when Berlin was divided.

Meanwhile, a change of thinking has set in. In the process of the reappraisal of the European city, a renaissance of the inner city as a place to live and the reconstruction of the urban realm, there has been a return to the high regard for historical gardens. Here, too, Berlin is leading the way and displaying pride in the restoration of its historical parks and gardens which date back to the last two centuries.

A new urban sense has taken hold of city dwellers. The electronic media have not left people to grow lonely in front of their screens to the extent that was feared. More time is being spent in the public realm. Street cafés open even on days of uncertain feel-good weather, beach bars boom in locations that couldn't be further from the sea and old and new beer gardens are all extremely popular. They must be accessible by

vermocht, die Menschen vor dem Bildschirm zu vereinsamen. Mehr Freizeit wird im öffentlichen Raum verbracht. Straßencafés öffnen auch bei fragwürdigem Wohlfühlwetter, Strandbars boomen auch dort, wo von Strand keine Rede sein kann und alte wie neue Biergärten erfreuen sich großen Zuspruchs. Wichtig ist die Erreichbarkeit per Fahrrad, denn der moderne Städter ist auf zwei Rädern unterwegs, auch in neu angelegten Parks, für die die Landschaftsarchitekten eine zeitgemäße Sprache gefunden haben.

Hier und da wird versucht, das Rad der Naturentfremdung zurückzudrehen, indem man Bachläufe renaturiert, Straßen rückbaut oder obsolete Plattenbauquartiere in Grünzonen verwandelt. Auch sind Landschaftsarchitekten verstärkt gefordert, wenn es gilt, den industriellen Strukturwandel planerisch und gestalterisch zu bewältigen. Aufgelassene Kohlezechen werden mittels Bundes- und Landesgartenschauen zu Erlebnisparks, Kanäle zu Wasserwanderwegen, Tagebauen zu Erholungslandschaften, Industriebrachen zu Themengärten. Nicht immer folgt auf die Investition das Dauerbudget zur kontinuierlichen Pflege der Anlagen. Nur unberührte Natur gibt es kostenlos. Dennoch, keine innerstädtische Freifläche bleibt heute unbeplant, kein Truppenübungsplatz bleibt sorglos liegen. Keine Freifläche, die nicht Projektionsfläche für Nutzerwünsche wäre – und potenzielles Aktionsfeld für Landschaftsarchitekten.

Die Erkenntnis ist gewachsen, dass der ambitionierteste Städtebau buchstäblich ins Leere läuft, wenn die verbindenden Freiflächen nicht den attraktiven Lebensraum dazu bilden. Die Arbeit der Landschaftsarchitekten erschöpft sich dabei nicht in der Planung traditioneller innerstädtischer Parks. Es gilt Innenhöfe ästhetisch und funktional zu konzipieren und Stadtplätzen ein Gesicht zu geben. In vielen Städten sind die zuvor von Industrie- und Hafenanlagen besetzten Flussufer in anziehende Erholungsflächen

bike, since the modern city dweller gets around on two wheels; in the newly constructed parks too, for which landscape architects have found a contemporary language.

Here and there, attempts are being made to turn back the wheel of alienation from nature by renaturalising streams, taking up roads or by transforming obsolete housing estates into green areas. Landscape architects are challenged more and more to cope with the planning and design tasks set by structural changes in industry. Open coal mines are transformed into adventure parks by way of federal and regional garden shows, canals into waterways for boat trips, opencast mines into recreational landscapes, industrial dereliction into theme parks. The investment, however, is not always followed by a long-term budget for their continual upkeep. Only unspoilt nature is free. However, no inner urban space is left undesigned, no military training area lies unminded. Nor any open space that is not a possible projection surface for the users' wishes – and a potential field of action for landscape architects.

It has been recognised over time that even the most ambitious urban design scheme quite literally goes nowhere if the connecting open spaces fail to provide an attractive environment around it. The landscape architect's work goes beyond the design of traditional inner city parks. Rather, his task is to conceive functional and aesthetic concepts for courtyards and give a face to urban squares. In many cities, riverfronts formerly occupied by industry and harbour facilities are transformed into appealing recreational areas. "Roadside planting" is provided, if not to conceal traffic arteries, to at least alleviate their negative impact on the townscape. Further challenges are to link urban areas with the surrounding green belts and to plan fresh-air corridors into urban centres.

umzuwandeln. „Verkehrsgrün" wird aufgeboten, die tendenziell das Stadtleben belastenden Verkehrsadern wenn nicht zu kaschieren, so doch wenigstens ihre die Stadtgestalt beeinträchtigenden Wirkungen zu mildern. Den Stadtkörper mit den umgebenden Grünräumen zu vernetzen und Frischluftschneisen zu planen, sind weitere Herausforderungen.

Längst ist den Landschaftsarchitekten neben ihren traditionellen Aufgaben, die innerstädtische Natur zu ästhetisieren, die Umwelt attraktiv zu machen und die Lebensqualität zu steigern, eine besondere ökologische Verantwortung zugewachsen. Der Versiegelung der Oberflächen entgegenzuwirken, den Wasserhaushalt zu kontrollieren, die klimawirksame Vegetation zu fördern und die Artenvielfalt zu erhalten, kurzum das verantwortliche Handeln im ökologischen Bewusstsein ist ein weiterer Grund für die neue Wertschätzung der Garten- und Landschaftsplanung.

Natur offensiv (oder auch subversiv) in das städtische Leben wieder einzubringen, ist eine der Zielvorstellungen heutiger Landschaftsarchitekten. sᴛ raum a. hat Anteil an dieser Programmdiskussion. Die Stadt im Lennéschen Sinn wieder als Teil der Landschaft zu begreifen, ist einer der Programmpunkte, und das Team von sᴛ raum a. hat eine Reihe von eigenen Strategien entwickelt, um diese Vorstellung konkreter werden zu lassen.

For some time now, landscape architects, along with their traditional role of enhancing nature in the city, making the environment more attractive and increasing the quality of life, have adopted a specific ecological responsibility. Counteracting the extent of impermeable surfaces, controlling the water regime, promoting planting that has a positive influence on the climate and which protects the diversity of species – in short, conducting themselves with ecological awareness is all further reason for the new regard granted to landscape architecture.

Reintroducing nature actively (or subversively) into urban life is one of the objectives of landscape architects today. sᴛ raum a. are participating in this discussion. Understanding the city as a part of the landscape in the sense of Lenné is an item on the agenda, and they have developed a series of strategies to realise these objectives.

Interviews Interviews

K.F.: KRISTIN FREIREISS; S.J.: STEFAN JÄCKEL; K.K.: KATRIN KLINGBERG; T.M.: TOBIAS MICKE

■ **Der Name ist Programm**
Kristin Feireiss im Gespräch mit
Stefan Jäckel, Katrin Klingberg und
Tobias Micke, ST raum a.

K.F.: Wenn man von Landschaftsarchitektur spricht, denkt man nicht als Erstes an die Stadt. Jetzt hat das vorliegende Buch den Titel „Passion City". Ist das programmatisch für ihre Arbeit?

T.M., ST raum a.: In gewisser Weise ja. Da sind wir schon mitten in der Geschichte von ST raum a. Stefan Jäckel und ich hatten das Büro 1991 als Landschaftsarchitekten gegründet. Wir haben schon damals mit dem Begriff „Landschaftsplanung" gehadert. Das, was wir im Studium gelernt haben, war uns nie genug. Wir wollten mehr wissen. Zwischendurch haben wir sogar überlegt, ob wir noch Architektur studieren sollen, sind aber dann doch davon abgekommen, vielleicht auch, weil wir gleich nach Gründung unseres Büros interessante Aufträge bekommen haben. Unsere Affinität zur Architektur ist aber bis heute geblieben. Sie hat sogar dazu geführt, dass wir offensiv auf Architekten zugegangen sind, deren Entwürfe wir besonders interessant fanden. Das ging so weit, dass wir, wenn wir in Architek-turzeitschriften interessante Entwürfe gesehen haben, mit den Architekten persönlich in Kontakt getreten sind.

K.F.: Welche Eigenschaften müssen Architekten haben, mit denen Sie gerne zusammenarbeiten würden?

S.J., ST raum a.: Am wichtigsten ist die Offenheit des Architekturbüros, mit Land-

■ **The name says it all**
Kristin Feireiss talks to Stefan Jäckel,
Katrin Klingberg and Tobias Micke of
ST raum a.

K.F.: When talking of landscape architecture the city isn't the first thing that springs to mind. And now there's the book's title: "Passion City". Is this a theme that runs through your work?

T.M., ST raum a.: In a sense it is. It takes us straight back to the history of ST raum a. Stefan Jäckel and I founded the practice for landscape architecture in 1991. Even then we struggled with the term "landscape planning". What we had learned at university never seemed quite enough. We wanted to know more. At one point we even thought about studying architecture on top, but didn't go through with it, maybe because we got some interesting work immediately after setting up in practice. Our affinity to architecture has stayed with us right up until today. It has led us to actively approach architects whose designs we find interesting. We have even gone as far as to contact designers whose work was published in architectural journals and particularly interested us.

K.F.: What distinguishes the architects with whom you'd like to work?

S.J., ST raum a.: Most importantly, their openness towards wanting to work with landscape architects right from the start and to develop the initial concepts jointly. Topics to be addressed are: what sort of dialogue does the landscape enter into with

schaftsarchitekten von Anfang an zusammenarbeiten zu wollen und gemeinsam eine erste Konzeptidee zu entwickeln. Dabei geht es um Fragen: Wie stellt sich der Freiraum im Dialog zum Städtebau oder zur Architektur dar und umgekehrt? Ein offener Diskurs ist dabei entscheidend. Ich denke, dass ist die Grundvoraussetzung, die wir an die Zusammenarbeit mit Architekten und Stadtplanern stellen.

к.к., sт raum a.: Es geht darum, sich auf ein Zusammenspiel einzulassen: Mit welcher Formensprache geht der Architekt um? Welche Materialien verwendet er? Was für eine Ästhetik hat er, und wie können wir das mit unserer gestalterischen Sprache in den Außenraum übertragen? Es geht nicht nur darum, das Grün vom Land in die Stadt holen zu wollen. Nach unserer Auffassung stellt die Stadt noch ganz andere Ansprüche an die Profession des Landschaftsarchitekten. Wir definieren Landschaftsarchitektur stets im Kontext des städtischen Raumes.

к.ғ.: Diese Haltung findet sich, wenn auch etwas verschlüsselt, in Ihrem Büronamen wider.

s.j., sт raum a.: Der Name „sт raum a." wurde gleich zu Beginn unserer Tätigkeit entwickelt. Wir sind sozusagen Kinder der 8oer-Jahre. Eine Zeit, in der Büros statt ihrer Familiennamen Begriffe wählten, die eine Haltung zum Ausdruck bringen. Die bekanntesten Beispiele dafür sind sicher Coop Himmelb(l)au und OMA (Office for Metropolitan Architecture). Wir haben damals für unser Büro den Namen „sт raum a." kreiert, weil er gleichermaßen für „Stadt", „Raum" und „Architektur" steht. Der Name ist also Programm!

к. ғ.: Sie sind also im wörtlichen Sinne Stadtlandschaftsarchitekten?

s.j. sт raum a.: Den Begriff „Stadtlandschaftsarchitektur" gibt es eigentlich nicht. Es ist aber schon das, was wir machen. Unserer Meinung nach geht es besonders um die Qualität innerhalb der Städte, um

urban design or architecture, and vice versa? Open discussion is crucial. I believe that this is the basic requirement for working with architects and urban planners.

к.к., sт raum a.: It is a question of engaging in team work: what is the architect's design language? What is his aesthetic understanding and how can we translate this into our design vocabulary for outdoor spaces? The aim is not to bring the countryside into the city. In our opinion, cities make totally different demands on the landscape architecture profession. We always define landscape architecture in an urban realm context.

к.ғ.: This stance is reflected, albeit encoded, in the name of your practice.

s.j., sт raum a.: The name "sт raum a." was developed right at the start of our work. We are children of the 80s. A time when the name of a practice expressed a standpoint rather than just stating the owner's name. The most prominent examples for this are Coop Himmelb(l)au and OMA (Office for Metropolitan Architecture). We invented the name "sт raum a." for our practice because it stands equally for "Stadt" (city), "Raum" (space) and "Architektur" (architecture). You see, it's all in the name!

к. ғ.: So you are not urban landscape architects in the literal sense?

s.j. sт raum a.: The term urban landscape architecture does not really exist. But it is what we do. In our view, the quality within cities, the open spaces are of prime importance and, so, should be given a positive connotation. We consider it our job, using our means, to make life within cities as pleasant and as liveable as possible.

к.к., sт raum a.: I used to think that the contemporary city was some kind of puzzle assembled piece by piece. Today, I would describe it as a collage: one doesn't just insert or add another piece. Time and again, bits are laid on top, torn apart, uses are

die Freiräume und darum, diese positiv zu besetzen. Wir sehen es als unsere Aufgabe an, mit unseren Mitteln das Leben innerhalb der Städte so angenehm und lebenswert wie nur möglich zu gestalten.

K.K., ST raum a.: Ich habe ursprünglich immer gedacht, die Stadt von heute ist so eine Art Puzzle, das man nach und nach zusammensetzt. Ich würde es heute eher als Collage bezeichnen: Man setzt nicht einfach nur ein Stück ein oder an. Vieles wird immer wieder überlagert, auseinandergerissen, bekommt andere Funktionen. Oft entstehen aus diesen Überlagerungen ganz neue Orte. Es kommt auch vor, dass man zur ursprünglichen Bedeutung und Nutzung zurückkehrt. Das sind immense Herausforderungen für Städte, die sich ja alle im Wandel befinden. Ein signifikantes Beispiel von vielen ist die Umnutzung brachliegender Industriegelände, die auf eine sinnvolle Umnutzung warten. Ich glaube, da gibt es eine ganze Menge an Erfahrungen, die wir täglich in unserer Arbeit machen, die sich auf ähnliche Situationen und Städte übertragen lassen.

K.F.: Welche Rolle spielt dabei die Stadt Berlin für Sie und Ihre Arbeit? Ihr Büro befindet sich im Herzen Kreuzbergs, einem ganz besonders dichten Stadtteil mit einem faszinierenden, multikulturellen Bevölkerungsmix. Berlin und ST raum a. – wie gehört das zusammen?

T.M., ST raum a.: Wir sind Berliner, wir sind hier geboren, wir sind hier aufgewachsen und identifizieren uns voll und ganz mit dieser Stadt, mit allem Positiven und Negativen.

K.F.: Fangen wir mal mit dem Positiven an.

T.M., ST raum a.: Berlin ist sehr offen, ein Schmelztiegel, der die unterschiedlichsten Strömungen aufnimmt. Das führt zu spannenden, manchmal auch spannungsreichen Entwicklungen. Ein unglaubliches Potenzial. Nach dem Fall der Mauer gab es plötzlich viele offene, unbesetzte Räume, die neu bespielt und städtebaulich entwickelt werden muss-

changed. These overlays often result in completely new places. Sometimes the original importance and uses are reinstalled. These are immense challenges facing cities, which are all in a process of change. One of many significant examples is the regeneration of derelict industrial areas which are awaiting prudent redevelopment. I believe much of the experience we have gained in our daily work can be transferred to similar situations and cities.

K.F.: What role does the city of Berlin play in this, for you and your work? Your office is in the heart of Kreuzberg, a particularly dense neighbourhood with a fascinating multicultural mix of citizens. Berlin and ST raum a. – how does it fit together?

T.M., ST raum a.: We are Berliners, we were born here, grew up here and totally identify with the city, including all its positive and negative sides.

K.F.: Let's start with the positive.

T.M., ST raum a.: Berlin is very open, a melting pot including the most diverse trends. This results in exciting and sometimes tension-filled developments. Incredible potential. The fall of the Wall suddenly opened up lots of unoccupied spaces that were in need of new uses and urban development. A creative mix of East and West.

S.J., ST raum a.: There is also Berlin's cosmopolitanism and tolerance which have survived less inspired periods of retrospective architecture. This openness and the urban spaces that became available after reunification made Berlin into a kind of experimental site for landscape architects.

K.F.: An experimental site for urban development in other cities, too?

K.K., ST raum a.: In response to your question I would focus on the East-West issue in Berlin, which definitely cannot be transferred to other cities. The fact that we are witnessing the unique process of two parts

ten. Eine kreative Mischung aus Ost und West.

S. J., ST raum a.: Dazu kommt aber noch die Weltoffenheit und Toleranz der Stadt, die auch weniger inspirierende Phasen retrospektiver Baukultur überlebt hat. Durch diese Offenheit und die nach der Wende hinzugewonnenen urbanen Räume ist Berlin zu einer Art Experimentierfeld für Landschaftsarchitekten geworden.

K. F.: Ein Experimentierfeld also auch für stadträumliche Entwicklungen in anderen Städten?

K. K., ST raum a.: Bei der Beantwortung der Frage möchte ich zunächst von dem Ost-West-Thema in Berlin ausgehen, das man sicherlich nicht eins zu eins auf andere Städte übertragen kann. Die Tatsache, dass wir in Berlin eine einmalige Entwicklung miterleben konnten, bei der zwei Stadtteile wieder zusammengekommen sind und langsam auch zusammenwachsen, hat alle Kreativen, und dazu gehören eben auch die Landschaftsarchitekten, unglaublich inspiriert und völlig neue Denkstrukturen freigesetzt. Plötzlich werden Räume wieder betretbar, wieder erlebbar, die über Jahre verschlossen gewesen sind. Das heißt auch, dass sich an Orten, die durch die Geschichte eine neue Bedeutung bekommen haben, Menschen wieder neu zusammenfinden. Oft ist es so, dass im Laufe von Jahrzehnten wunderbare Landschaftsschutzgebiete entstanden sind, wie zum Beispiel in Lübars, wo einst die Mauer stand. Auch der Mauerpark in Prenzlauer Berg, wo sich junge Menschen, Familien und Freunde treffen, spricht für einen solchen positiven Wandel. Chancen zur Veränderung zu nutzen, das hat Vorbildfunktion für andere Städte.

K. F.: Die Arbeit Ihres Büros ist nicht nur gekennzeichnet durch den Schwerpunkt Stadtraum, sondern auch durch intensive Recherchen. Ihre Methode besteht darin, zu jedem neuen Projekt erst einmal alles zusammenzutragen, was zum jeweiligen Thema relevant sein könnte.

of a city reuniting and slowly growing together again has immensely inspired all types of creative people – and this includes landscape architects – and unleashed completely new lines of thinking. All of a sudden places become accessible again and can be experienced, places that had been blocked off for decades. It also means that existing places that gained a new meaning through history are also places where people can come together again. Some wonderful landscape conservation areas have developed in the course of time, for instance in Lübars, where the wall once stood. And the Mauerpark in Prenzlauer Berg, too, where young people, families and friends meet, reflects such positive change. Making use of the opportunities for change is Berlin's function as a role model for other cities.

K. F.: The work of your practice is not only characterised by its focus on urban space, but also by its intense research. Your method seems to be to collect extensive information for each project that could be relevant to the topic in hand.

K. K., ST raum a.: I joined the practice in 2001. I am not a landscape architect and somewhat foreign to the species. I read German language and literature and Slavonic studies, but I'd always wanted to join a creative field. The jobs in our practice have become more complex over the years, which means that we have spent more time on the content of each project before entering into the design phase. From the basis of these surveys, which are often my responsibility, the concepts are developed jointly. They form the foundation for the design of open spaces.

T. M., ST raum a.: One tends to muddle along in one's own profession. But the outside perspective with which Katrin confronts us time after time really helps. Questions like "Who are you designing for?" or "How will the observer perceive the proposal?" have shaped our work significantly.

K.K., ST raum a.: Ich bin 2001 ins Büro gekommen. Ich bin keine Landschaftsarchitektin und sozusagen artfremd. Ich habe Germanistik und Slawistik studiert, wollte aber schon immer in eine kreative Branche. Die Aufgabenstellungen in unserem Büro sind im Laufe der Jahre grundsätzlich immer komplexer geworden, was dazu geführt hat, dass wir uns noch intensiver mit den Inhalten jedes Projekts auseinandersetzen, bevor die Phase des Entwurfs beginnt. Auf Grundlage der Recherchen, die oft in meinen Händen liegen, entwickeln wir gemeinsam eine Konzeption, die dann Basis der Gestaltung der Freiräume ist.

T.M., ST raum a.: Man tendiert ja doch in seiner Profession manchmal dazu, nur im eigenen Sumpf herumzurühren. Aber gerade der Blick von außen, mit dem uns Katrin immer wieder konfrontiert, ist hilfreich. Fragen wie: „Für wen entwerft ihr?", „Wie nimmt der Betrachter das Projekt wahr?" haben unsere Arbeit enorm geprägt.

K.K., ST raum a.: Wenn man den Blickwinkel öffnet, dann wird der Kreis der Menschen, die man in das jeweilige Projekt einbeziehen möchte, immer größer. Dazu gehören diejenigen, die es umsetzen sollen, ebenso wie die Menschen, die es später nutzen werden. Und immer stellt sich die Frage, welche Aspekte spielen denn eigentlich für das jeweilige Vorhaben eine Rolle. Das kann die Geschichte des Ortes sein, das können die Menschen sein, die bisher dort gelebt haben, amtliche Vorgaben, die beachtet werden müssen, Aufgaben, die zu verwirklichen sind, Wünsche der Nutzer, die zu berücksichtigen sind.

K.F.: Wir haben bereits darüber gesprochen, dass für Ihr Büro das Thema „Landschaftsarchitektur" integraler Bestandteil der Stadt und damit der Stadtentwicklung ist. Ist diese Haltung inzwischen weit verbreitet?

S.J., ST raum a.: Dadurch, dass wir in vielen Städten und Ländern aktiv sind, kann man sagen, dass Landschaftsarchitektur als integraler Bestandteil der Stadtentwicklung in

K.K., ST raum a.: If one expands the angle, the circle of people who should be involved in a project becomes larger and larger. This includes the people who implement the project in the same way as those who will use it after completion. And the question repeatedly asked is, "What are the important aspects for each project?" It could be the history of the place, the people who live in it, the statutory requirements that need to be observed, demands that need to be met, users' wishes that need to be considered.

K.F.: We've already talked about your practice considering landscape architecture an integral part of the city and, hence, urban development. Is this position now widely held?

S.J., ST raum a.: We are active in many cities and countries and it seems to us that particularly in Germany landscape architecture is an integral part of urban development. Looking at Eastern European cities in comparison, it is obvious that landscape architecture still has no real importance either within or outside cities. I have the impression that we, as representatives of the landscape architecture profession, with our approach and our designs, are taking on a pioneering task. For example, in Sochi, the city for the Olympic Winter Games 2014, we are working on a 7 hectare site that is due for development. The existing topography and vegetation of Sochi and its surroundings are so exceptional that it would seem inevitable that you should strive for a symbiosis of urban design and landscape architecture. I believe that in really good projects the boundaries between the disciplines are not clearly discernible. The result, however, is always dependent on the degree of communication and cooperation.

K.K., ST raum a.: Another entirely different example: in Lübeck, landscape architecture has developed alongside urban planning. In the 60s and 70s, for instance, the roads

Deutschland sehr stark vertreten ist. Wenn man dagegen die osteuropäischen Länder betrachtet, erkennt man, dass das Thema Landschaftsarchitektur innerhalb wie außerhalb von Städten noch keinerlei Bedeutung hat. Ich habe den Eindruck, dass wir als Vertreter der Disziplin der Landschaftsarchitekten dort mit unseren Ansätzen und mit unserer Gestaltung eine Vorreiterrolle übernehmen. Zum Beispiel in Sotchi, der Stadt der Olympischen Winterspiele 2014 haben wir mit unserem Entwurf für den Königspark ein Gelände von 7 ha zu bearbeiten, das städtebaulich entwickelt werden soll. In Sotchi und Umgebung sind die topografische Situation und der Vegetationsbestand so einmalig, dass es eigentlich auf der Hand liegt, dass es eine Symbiose zwischen Städtebau und Landschaftsarchitektur geben muss. Ich glaube, die wirklich guten Projekte sind die, bei denen man die Grenzen zwischen den Fachdisziplinen gar nicht so klar erkennen kann. Das Ergebnis hängt immer wieder von der Art der Kommunikation und der Zusammenarbeit ab.

K.K., ST raum a.: Noch ein ganz anderes Beispiel. In Lübeck hat sich die Landschaftsarchitektur zusammen mit der Stadtplanung weiterentwickelt. In den 60er- und 70er-Jahren hat man zum Beispiel die Verkehrsräume geöffnet, damit mehr Raum für Autos entsteht, mehr öffentlicher und privater Verkehr ermöglicht werden. Inzwischen hat man erkannt, dass ein übermäßiges Verkehrsaufkommen die Städte kaputt macht. Man besinnt sich dort heute wieder auf die alten, engeren Stadtstrukturen. Das ist eine Entwicklung, in der die Landschaftsarchitektur Stadtplanung und Architektur parallel begleitet.

K.F.: Landschaftsarchitekten haben in der Regel zwei Gruppen von Auftraggebern. Die eine ist die öffentliche Hand. Das betrifft den öffentlichen Raum, wie Parks, Straßen, Plätze, Schulanlagen, Sportplätze usw., die andere sind die privaten Auftraggeber, deren Projekte vom eigenen Garten bis zum

Klingenberg in Lübeck

were expanded to give cars more room and facilitate higher levels of public and private traffic. Since then it has been recognised that too much traffic spoils cities. The trend is back to the old, denser urban fabric of cities. This development is led equally by landscape architecture, urban planning and architecture.

K.F.: Landscape architects generally work for two groups of clients. The first is the public sector for the public realm, such as parks, streets, squares, school grounds, sports fields, etc. The second is the private sector with clients whose projects range from private gardens to business landscapes, including planting areas, car parks and open spaces within company grounds. These also are the so-called semi-public spaces. Do you adopt different approaches geared towards each client?

T.M., ST raum a.: Of course, although semi-public is a difficult term. The space is neither public nor private, but in between the two. This means that the design needs to respond in a specific way: the private

Außenanlagen Süddeutscher Verlag   Open Spaces Süddeutscher Verlag

Firmengelände mit Grünflächen, Parkplätzen und Platzgestaltungen innerhalb des Firmenareals reichen. Oft handelt es sich dabei um sogenannte halböffentliche Räume. Gibt es für Sie entsprechend den Auftraggebern unterschiedliche Herangehensweisen?

T. M., ST raum a.: Durchaus, wobei das Wort „halböffentlich" ein ganz schwieriger Begriff ist. Der Raum ist nicht öffentlich, er ist nicht privat, sondern dazwischen. Von daher muss man in der Gestaltung auch eine ganz spezielle Antwort finden: Der private Außenraum spricht ganz gezielt eine bekannte Gruppe von Personen an, der öffentliche Raum muss für eine nicht zu definierende anonyme Gruppe attraktiv sein. Der halböffentliche Raum aber repräsentiert einerseits ein Unternehmen, steht für eine Firmenpolitik, hat oftmals auch repräsentativen Charakter, er stellt etwas zur Schau – den Besitzer, den Investor, die Firma. Andererseits ist er für viele Menschen, oft auch außerhalb des Unternehmens, öffentlich zugänglich.

K. F.: Welche Rolle übernimmt dabei die Gestaltung halböffentlicher Räume als Mittel

external spaces are specially designed for a known group of people; the public space must appeal to an undefined, anonymous group. On the one hand, the semi-public open space embodies the company, stands for its policy and is often representative. It wants to put something on show – the owner, the investor, the company. On the other hand, it is publicly accessible to people outside the firm.

K. F.: What is the role of designs for semi-public spaces as a means of establishing a company's corporate identity?

T. M., ST raum a.: The boundaries between semi-public and public spaces are never very concrete. They are always flowing, rather diffuse. There are grey areas. But this makes them particularly exciting design tasks because they call for even more deliberation.

K. F.: What is your conceptual approach? Is it to blur the boundaries between public and semi-public spaces or to make them imperceptible?

der Corporate Identity eines Unternehmens? **T. M., ST raum a.:** Die Grenze zwischen dem halböffentlichen und dem öffentlichen Raum ist ja niemals scharf. Sie ist immer sehr fließend, sehr diffus. Es gibt da eine Grauzone. Aber das bedeutet auch, dass es besonders spannend bei der Planung wird, weil das eine noch intensivere Auseinandersetzung erforderlich macht.

K. F.: Wie sieht Ihr konzeptioneller Ansatz aus? Geht es darum, diese Grenze zwischen öffentlichem und halböffentlichem Raum nicht sichtbar und nicht erlebbar zu machen? **T. M., ST raum a.:** Genau das könnte vielleicht das Thema sein in diesem Zusammenhang. Man kann das jedoch nicht verallgemeinern. **S. J., ST raum a.:** Ich sehe das nicht ganz so. Ich glaube, dass man Räume klar definieren muss. Der private Raum ist der private Raum, der öffentliche Raum der öffentliche Raum, und dazwischen gibt es einen, wie Tobias sagte, diffusen Raum. Ich bin der Meinung, der halböffentliche Raum muss als halböffentlicher Raum erkennbar sein, wie zum Beispiel beim Sony Center in Berlin. **T. M., ST raum a.:** Ein interessantes Beispiel sind auch die Außenanlagen des Süddeutschen Verlages, wo die Platzfläche dem Investor gehört und das Unternehmen nach außen hin repräsentiert, aber auch die Öffentlichkeit diesen Ort mit nutzen kann. Das Café am Platz zum Beispiel ist für jedermann zugänglich. Hier sitzen die Mitarbeiter des Verlages ebenso wie die Passanten. Im Sommer ist die Anlage mit dem Wasserrauschen des Brunnens und dem Alpenblick ein fantastischer Ort. **K. K., ST raum a.:** Die Gestaltung des halböffentlichen Raumes hängt auch immer vom Auftrag ab, inwiefern sich der Auftraggeber abgrenzen oder öffnen möchte. Eine reine Fabrikanlage zum Beispiel, bei der es keine Besucherströme gibt, wird andere Ansprüche haben, als eine Firma, die ihre Produkte verkaufen und mit ihrem Unternehmen repräsentieren möchte. Ein interessantes Projekt waren für uns die Außenanlagen der

T. M., ST raum a.: Precisely this could possibly be the main issue in this context. But let's not generalise. **S. J., ST raum a.:** I don't entirely agree. I think that you need to define spaces clearly. Private space is private space and public space is public space, and in between there is, as Tobias calls it, diffuse space. In my opinion, semi-public open space must be recognisable as such, like at the Sony Centre in Berlin, for example. **T. M., ST raum a.:** Another interesting example is the landscape design at the Süddeutscher Verlag, where the square belongs to the investor and represents the company on the outside, but the public can use the space, too. For example, the café on the square is open for all. Company staff use it in the same way as passers-by do. Especially in summer it is a fantastic place with the sound of running water in the fountain and its Alpine panorama. **K. K., ST raum a.:** The design of semi-public spaces always depends on the brief, on how far the client wants to be secluded or out in the open. A factory site, for example, which does not have streams of visitors will have a different brief to that of a company that sells products and wants its business promoted. The landscape design for the European Central Bank was an interesting project for us. The competition we did with Grüntuch Ernst Architekten was primarily concerned with aspects of security. Finding creative solutions for different types of boundaries or buffers – for instance, preventing people from looking in seeing or hearing anything – is a great design challenge.

K. F.: Up till now, our conversation has shown that you work together in a team: you all have different views that are discussed openly, there is an intense research phase, the outside view that incorporates, reflects and categorises different perspectives and, finally, to sum it all up, there is the translation into a design brief and solution.

Europäischen Zentralbank. Bei dem Wettbewerb, den wir zusammen mit Grüntuch Ernst Architekten bearbeitet haben, ging es vor allem auch um den Aspekt der Sicherheit. Mit den verschiedenen Varianten von Abgrenzung bzw. Abschirmung – dass man zum Beispiel nicht hineinschauen oder nichts hören kann – kreativ umzugehen, ist eine große gestalterische Herausforderung.

K. F.: Unser bisheriges Gespräch hat gezeigt, wie Sie als Team zusammenarbeiten: Es gibt unterschiedliche Positionen, die ausdiskutiert werden, es gibt eine intensive Recherchephase, es gibt den Blick von außen, der andere Perspektiven einbezieht, reflektiert und einordnet, und es gibt schließlich als Summe dessen die Umsetzung in eine gestalterische Aufgabenstellung und Lösungsfindung.

T. M., ST raum a.: Das stimmt, wir pflegen eine offene Streitkultur. Und es sieht ganz so aus, dass sie erfolgreich ist.

K. F.: Ist Nachhaltigkeit im weitesten Sinne ein Thema für ihr Büro?

K. K., ST raum a.: Auf jeden Fall. Wir haben uns irgendwann überlegt, was zeichnet unsere Arbeit aus, was ist unsere Spezialität, die Besonderheit unseres Büros. So sind wir dann auf unser Leitmotiv gekommen: „Lebendige Freiräume mit bleibendem Wert". Freiräume für Menschen, und diese Freiräume sollen auch etwas aushalten. Das bedeutet nicht, dass wir stets etwas für die Ewigkeit schaffen wollen. Das funktioniert auch oft nicht, vor allem wenn man sich vergegenwärtigt, wie schnelllebig unsere Zeit ist und wie oft sich Ansprüche verändern.

T. M., ST raum a.: Es ist wichtig, eine andere Dimension von Zeit in seinem Denken zuzulassen und Fragen zu stellen wie: Was passiert in zehn Jahren? Was kann man dann mit diesen Freiräumen machen? Wir versuchen zum Beispiel Freiraumelemente zu finden, die multifunktional nutzbar sind, das heißt, sie können später anderen Nutzungen zugeführt werden, sie können erweitert werden,

T. M., ST raum a.: That's true. We maintain an open culture of critical debate. And it seems to work.

K. F.: Is sustainability in the broadest sense an issue in your practice?

K. K., ST raum a.: Definitely. At one point we tried to establish what defines our work, where our special expertise lies, the distinctive feature of our practice. That's how we reached our leitmotif: "vibrant open spaces of lasting value". Open spaces for people – and these open spaces must be durable. It doesn't mean that we always want to design for eternity. It wouldn't work, especially if you think about how fast-paced these times are and how rapidly demands change.

T. M., ST raum a.: It is important to allow a different time dimension into one's thoughts and to ask questions such as: What will happen in ten years' time? How will these open-spaces be used then? For example, we try to find open space elements that are multifunctional, meaning that they can be used in different ways in the future, can be exchanged or easily disposed of. These issues really reflect our times. The spaces that are created must always respond to the possibilities of different future uses. The point is to find concepts that develop in accordance with people's changing needs and demands.

K. F.: People, the users and their needs are the focus of your work. Your emphasis lies on improving the quality of life in those areas which you as landscape architects can influence with your designs: experience, recreation, work, living, learning.

S. J., ST raum a.: This focus has emerged with time, in the course of our work. It was a long process of development with constantly new challenges brought to us by numerous different projects. Initially, the lack of experience meant we made mistakes, such as designing exclusively to our own tastes. Over the years, we have learned that we are

sie können ausgetauscht werden, sie können auch problemlos entsorgt werden. Das sind Themen, die letztlich auf unsere Zeit reagieren. Der Raum, der geschaffen wird, muss immer unterschiedliche Möglichkeiten für spätere Nutzungen bieten. Es geht also um Konzepte, die mitwachsen können entsprechend den sich verändernden Bedürfnissen und Ansprüchen der Menschen.

K. F.: Der Mensch, der Nutzer, und seine Bedürfnisse stehen im Mittelpunkt Ihrer Arbeit. Es geht Ihnen vor allem um die Verbesserung der Lebensqualität in den Bereichen, auf die Sie als Landschaftsarchitekten mit Ihrer Gestaltung Einfluss nehmen können: Erleben, Erholen, Arbeiten, Wohnen, Lernen.

S. J., ST raum a.: Diese Schwerpunkte haben sich nach und nach im Laufe unserer Arbeit herauskristallisiert. Es war ein langer Entwicklungsprozess bei immer neuen Herausforderungen mit einer Vielzahl unterschiedlicher Projekte. Am Anfang ist man natürlich noch ganz unerfahren und macht Fehler, zum Beispiel man entwirft ausschließlich Dinge entsprechend der eigenen Vorlieben. Im Laufe der Jahre haben wir aber begriffen, dass wir nicht ausschließlich für uns arbeiten, sondern vor allem für unsere Bauherren und die zukünftigen Nutzer.

T. M., ST raum a.: Daran misst sich natürlich auch die Qualität einer Arbeit. Entscheidend bleibt die Frage, wie man die Nutzer, die Menschen, die damit umgehen sollen, einbezieht.

K.K., ST raum a.: Nehmen wir das Beispiel der Otto-Hahn-Schule. Wir haben uns die Frage gestellt, wie man bei den Schülern Interesse für ihr Umfeld entwickeln kann. So haben wir uns mit der Körpersprache, den Tätowierungen, den jugendlichen Ausdrucksformen auseinandergesetzt, die sich dann in unterschiedlichen Außenflächen der Schule wieder finden: auf dem Basketballfeld, im „Naturwald" auf dem Schulhof, in dem sich ein Biotop entwickelt, oder im Mosaik, das eine Schwimmbahn darstellt und im übertragenen Sinne den Sprung eines Schülers ins

Otto-Hahn-Schule **Otto Hahn school**

working not just for ourselves, but primarily for our clients as well as the potential users of our schemes.

T. M., ST raum a.: It is also an indicator of the quality of a design. The key question is always how the users, the people who will deal with the space, can be involved.

K.K., ST raum a.: Let's take a look at Otto Hahn school. We asked ourselves, how do we get the pupils interested in their environment? We considered topics like body language, tattoos, young people's forms of expression, which are then reflected in different areas of the school grounds: on the basketball court, the "nature" woodland in the schoolyard, where a habitat is being established, or in the mosaic that represents a swimming lane and, in a figurative sense, the pupils being thrown in at the deep end when they enter the school. The aim being to create images that the users, the pupils in this case, can identify with.

T. M., ST raum a.: Unfortunately, there aren't just the good examples. When designing the school we tried to involve more pupils and teachers in the planning process. Sadly,

kalte Wasser simuliert, wenn er in die Schule kommt. Es geht um Bilder, mit denen sich die Nutzer, in diesem Fall die Schüler, identifizieren können.

T. M., ST raum a.: Es gibt aber leider nicht nur positive Beispiele. Wir haben im Planungsprozess für die Schule versucht, noch mehr Schüler und Lehrer zu aktivieren, sich in den Entwurfsprozess mit einzubringen. Leider war das Interesse sehr gering. Umso schöner war es im Nachhinein zu sehen, dass unser Projekt angenommen wurde.

K. F.: Welche Wünsche und Erwartungen haben Sie an die Zukunft ihres Berufsstandes?

S. J., ST raum a.: Das beginnt für mich bei der Ausbildung. Schon auf der Universität müssten die Fachbereiche Architektur und Städtebau in die Ausbildung der Landschaftsarchitektur integriert werden. Die unterschiedlichen Fachbereiche müssten im Rahmen des Lehrprogramms die Möglichkeit bieten, stärker miteinander zu kommunizieren, um so ein gestalterisches Grundverständnis für andere Disziplinen zu bekommen.

T. M., ST raum a.: Ich wünsche mir, dass wir Landschaftsarchitekten uns immer bewusster werden, welche großartige Rolle uns bei der Gestaltung der Umwelt zukommt und dass wir den Mut zu kraftvollen gestalterischen Antworten auf die Herausforderungen unserer Zeit aufbringen. Dazu gehören natürlich auch offene Auftraggeber, mit denen man gemeinsam neue Wege beschreiten kann.

K. K., ST raum a.: Das Buch „Passion City" verkörpert auch eine unserer großen Visionen. Wir wollen damit einer breiteren Öffentlichkeit deutlich machen, dass jeder für den öffentlichen Raum mit verantwortlich ist, weil jeder ihn nutzt. Der Freiraum ist ein Thema, das jeden Menschen betrifft.

there was little interest. However, this did make it all the more gratifying to see the acceptance of our scheme later on.

K. F.: What hopes and expectations do you have for the future of your profession?

S. J., ST raum a.: For me, it has to start with education. The university education of landscape architects must incorporate the disciplines of architecture and urban design. The different faculties must provide the opportunity to increase communication within the course programmes in order to obtain a fundamental understanding of the other disciplines' design approach.

T. M., ST raum a.: I would hope that landscape architects become more aware of the huge role they play in the design of our environment, and that we find the courage for strong design solutions that face the challenges of our times. Obviously, this requires willing clients with whom one can break new ground.

K. K., ST raum a.: The book "Passion City" epitomises our greatest visions. We want to communicate to the widest possible public that everyone holds some responsibility for the public realm since everyone uses it. Open space is a subject that concerns all humanity.

■ Gedanken über das Leben, den Tod und Visionen
ST raum a. im Gespräch mit Winy Maas

Als ein typisches Beispiel für die enge Kooperation von ST raum a. Landschaftsarchitektur mit Architekten steht die Zusammenarbeit mit Winy Maas von MVRDV im Projekt Friedhof Heidenstücker. Der Tod – ein schwieriges Thema. Und doch ist es uns gemeinsam in einem intensiven Gedankenaustausch gelungen, alle Befangenheit abzulegen und uns dem Thema auf offene, kritische und unkonventionelle Weise zu nähern.   ST raum a.

ST raum a.: Welche Erinnerungen werden bei dir geweckt, wenn du an unsere gemeinsame Teilnahme am Wettbewerb Friedhof Heidenstücker denkst? Welche Bedeutung hatte für dich das Projekt?

WINY MAAS: Es war ein fantastisches Projekt! Wir haben damals viel über Leben und Tod geredet. Wir haben versucht, für dieses Thema, mit welchem sich heute niemand freiwillig beschäftigen möchte, einen Schlüssel zu finden und eine Verbindung zu uns ganz persönlich herzustellen. Wir sind ganz spielerisch, manchmal ironisch, jedoch mit allem Respekt mit diesem Thema umgegangen. Wir haben uns gedacht, wenn man seine Frau beerdigen muss, ist es eine wunderbare Geste, auf dem Grab ihre Vorlieben, ihr Wesen auch nach dem Tod sichtbar bleiben zu lassen. Ist es nicht schön, wenn auch dann noch die Rosen für sie blühen? Alles kann auf einem Grab ausgedrückt werden, alle Lebensformen – Individualismus, Homosexualität, Kultur, Kunst usw. Das gewählte formale Raster für die Grabfelder ist nicht das Entscheidende. Entscheidend ist es, „gut" tot zu sein.

▪ Thoughts on life, death and visions
ST raum a. talks to Winy Maas

Here is one of the typical examples of the close cooperation between ST raum a. Landschaftsarchitektur and architects: the collaboration with Winy Maas of MVRDV in the Heidenstücker Cemetery project. Death – it is a difficult subject. And yet, in an intense exchange of ideas, together, we succeeded in casting off any apprehension and embraced the subject in an open, critical and unconventional way.   ST raum a.

ST raum a.: What springs to mind when you think back to our joint work on the Heidenstücker Cemetery competition? What did the project mean to you?

WINY MAAS: It was a great project. We talked a lot about life and death. We tried to find a way into this subject which no one today wants to concern themselves with, to establish a very personal connection with it. We treated the topic playfully, occasionally some irony came into it, but always with respect. We thought it would be a wonderful gesture for someone who has to bury his wife to allow her interests, her nature to be seen even after death. Isn't it beautiful if the roses continue to flower for her? Everything can be expressed on a grave, all lifestyles – individualism, homosexuality, culture, art and so on. The formal grid chosen for the graves is not what matters. What matters is to be dead in a positive way.

ST raum a.: The MVRDV projects have a strong landscape component. Do architects need landscape architects? Where do the

31

ST raum a.: Die Projekte von MVRDV sind sehr landschaftlich geprägt. Braucht ein Architekt einen Landschaftsarchitekten? Wo sind die Grenzen zur Landschaftsarchitektur?

WINY MAAS: Ich komme aus einer Floristen-Familie. Mit 16 habe ich eine Ausbildung zum Floristen gemacht, dann Landschaftsarchitektur und später Architektur studiert. Natürlich brauchen wir Landschaftsarchitekten. Das sind oft die Einzigen, die über den Gesamtzusammenhang von Architektur und Freiraum sprechen können. Sie haben ein Panorama vor Augen. Sie sollten immer Visionäre sein. Eigentlich gibt es nur zwei Materialien, mit denen sie arbeiten – mit der Pflanze und dem Stein. So bleibt Zeit und Raum, sich über die wichtigen Dinge Gedanken zu machen, über weiträumige Konzepte, die Architekturen und Freiräume verbinden. Nur der Landschaftsarchitekt sollte die Pflanzen für den Freiraum auswählen, denn er kennt sie, kennt ihre Artenvielfalt und Verwendungsmöglichkeiten.

ST raum a.: Ist die Provokation in den Projekten von MVRDV Programm? Gestapelte Landschaften, abgeknickte Häuser im Katastrophengebiet von New Orleans ...

WINY MAAS: Ich bin immer wieder fasziniert von der Veränderung, der Bewegung. Ich bin neugierig und frage mich, was kann ich tun, damit etwas Festgefahrenes aufgebrochen, gelockert wird, damit neue Ideen, neue Gedanken und Sichtweisen keimen können. In der Verkrampfung gibt es keine Bewegung. Es sagt viel über Euch aus (Winnie lacht dabei), wenn Ihr mir die Frage nach der Provokation stellt. Handelt es sich nicht um eine intelligente Provokation? Es sollte eine Professur an den Universitäten zur intelligenten Provokation geben. Wir alle können dazu beitragen, Fragen zu stellen, wach zu rütteln und Verkrampfungen zu lösen.

ST raum a.: Wie stehst du zur Stadt Berlin?

WINY MAAS: Ich fühle eine Art Hassliebe zu Berlin. Berlin ist einerseits eine fantastische

boundaries lie with landscape architecture?

WINY MAAS: I come from a family of florists. At 16 I trained as a florist, then studied landscape architecture and later architecture. Of course we need landscape architects. Often, they are the only ones who are capable of talking about the overall context of architecture and open space. They have a panorama in their mind's eye. They should always be visionaries. There are really only two materials that they work with – plants and stone. That leaves time and space to think about the important things, about large-scale concepts that link architecture and landscape together. The landscape architect should be the one to select plants for open spaces, since he knows the diversity of species and their possible uses.

ST raum a.: Is provocation a part of the MVRDV programme? Stacked landscapes, bent houses in the disaster area of New Orleans ...

WINY MAAS: Time and again, I am fascinated by change, by movement. I am always curious and ask myself, what can I do to break up preconceived ideas, to loosen them so that new ideas, new thoughts and perspectives can take root? In a tensed-up state there is no movement. The fact that you ask me about provocation says a lot about you (Winy laughs). Don't you think it is intelligent provocation? There should be a professorship in intelligent provocation. We could all contribute, ask questions, shake it up and loosen the tension.

ST raum a.: What is your position on Berlin?

WINY MAAS: I have a kind of love-hate relationship with Berlin. On the one hand, Berlin is a fantastic city with enormous recreational value, a great cultural scene and, on top of all that, cheap, too. On the other hand, I sense a sort of backwardness. The economy is so weak that there are no real building developments. Berlin is interested in good architecture, but there are too few built

Friedhof Heidenstücker

Heidenstücker Cemetery

Stadt mit einem hohen Freizeitwert, einem tollen kulturellen Angebot und sehr preiswert dazu. Andererseits spüre ich eine gewisse Zurückgebliebenheit. Die wirtschaftliche Entwicklung ist so schwach, dass es nicht wirklich etwas zu bauen gibt. Das Interesse an guter Architektur ist zwar in Berlin vorhanden, aber gute, gebaute Beispiele gibt es leider zu wenig. Faszinierend finde ich die vielen alten Gebäude, aber auch die Brachflächen, die Lücken. Die Geschichte ist fast überall präsent. Ich hätte mir von der Stadt gewünscht, dass sie nach der Wende etwas experimenteller mit ihrer Geschichte umgegangen wäre. Berlin hätte ein Labor werden können, in dem Geschichte interpretiert wird. Die Reichstagskuppel ist meines Erachtens die beste Interpretation von Geschichte in Berlin. Ein dosiertes Inszenieren von Interpretationen, das interessiert mich. Es müsste einen Katalog für gelungene historische Interpretationen und Transformationen geben. Wäre in Berlin Neues und Altes besser kombiniert worden, dann hätte die Stadt einen noch besseren Hintergrund. Denn nur auf die Freizeitkultur zu setzen, ist eine Sackgasse. Das kann

examples. I am fascinated by all the old buildings, and also by the derelict plots, the gaps. History makes its presence felt almost everywhere. I wish the city could have been a little more experimental in the treatment of its history. Berlin could have become a laboratory for interpreting history. In my view, it's the dome over the Reichstag which is the best interpretation of history in Berlin. Prudent celebration of interpretation, that's what I am interested in. There should be a catalogue of successful historical interpretations and transformations. If Berlin had combined the new and the old more successfully, the city would have an even better background. Because backing leisure development only is a dead end. It's too expensive in the long run. (N.B. MVRDV is currently engaged in building a block in Vienna that interprets the city, after the Berlin senate had managed to obstruct a similar project for 12 years.)

ST raum a.: Are your cross-border activities – working abroad – a territorial or ideational

niemand auf Dauer bezahlen. (red. Anmerkung: MVRDV baut derzeit in Wien einen die Stadt interpretierenden Entwurf für einen Block, nachdem der Berliner Senat das Projekt zwölf Jahre lang zu verhindern wusste.)

ST raum a.: Stellt die Grenzüberschreitung – das Arbeiten im Ausland – territorial oder ideell ein Problem dar? Wie sieht es mit dem Respekt gegenüber anderen Kulturen aus?

WINY MAAS: Es ist eine ganz andere Herausforderung, beispielsweise in Amerika oder Asien zu arbeiten als in Europa. Der kulturelle Hintergrund ist ein ganz anderer, und doch ist es viel einfacher neue Entwürfe zu verwirklichen. Zum Beispiel besteht in Asien eine große Neugierde für Neues. Es wird in ganz anderen Dimensionen gedacht. Da tritt die historische Baukultur oft in den Hintergrund. Grundsätzlich gilt, dass man für das Bauen in anderen Kulturkreisen kein generelles Rezept entwickeln kann. Unsere Projekte in anderen Ländern haben meist einen kontextuellen Hintergrund. Sie versuchen, eine Verbindung zu ihrer Umgebung und den Vorgaben herzustellen. Ich finde es spannend, diese Vorgaben zu bewerten, zu hinterfragen und konstruktive Antworten dafür zu finden. Unser Projekt in New Orleans ist zum Beispiel eine Antwort auf das Wasserproblem. (red. Anmerkung: MVRDV plant in New Orleans ein neues Verwaltungsgebäude in einem Müllberg, die Räume in dem Berg befinden sich alle über dem höchsten Wasserstand, breite Fensterfronten öffnen sich zur Landschaft.) Für einen guten Städtebau müssen verschiedene Techniken entwickelt und angewendet werden. Techniken im Umgang mit Klima, Kultur, sozialen Strukturen und so weiter. Diese Techniken könnten etwas Generelles haben, das immer wieder verwendet wird. Interessant wäre es, einen Globus für Architektur zu entwickeln, so wie es ihn für verschiedene Klimazonen oder für Topografien gibt.

problem for you? What about respect for other cultures?

WINY MAAS: Working in, for example, the United States or Asia is a completely different challenge to working in Europe. The cultural background is entirely different and yet it is much easier to implement new proposals. In Asia, for example, there is a general curiosity for the new. They think in different dimensions. Architectural heritage is frequently pushed into the background. On a general note, though, there is no overall recipe for building in other cultural realms. Our projects abroad mostly have a contextual background. They strive to establish a connection to their surroundings and the constraints. I find it interesting to evaluate these constraints, to question them and to find constructive solutions. Our project in New Orleans, for example, presents a solution to the water problem. (MVRDV is designing a new administration building in a waste tip; the rooms in the hill are all above the highest water level, and large windows open out onto the landscape.) For good urban design, different techniques need to be devised and applied. Techniques for dealing with climate, culture, social structures and so on. These techniques should be generally applicable, over and over again. It would be interesting to develop an atlas of architecture, similar to those showing climate zones or topography.

ST raum a.: What are the challenges you have to face with international clients?

WINY MAAS: Most clients have a commercial goal. The dimensions developed during the past few years can only be met with the highest possible degree of professionalism. The question of feasibility of a project is less important than what your pitch is, what your proposal is. For this, the necessary professionalism is a basic requirement. During client inquiries we are often asked

ST raum a.: Welchen Herausforderungen musst du dich bei internationalen Auftraggebern stellen?

WINY MAAS: Die meisten Auftraggeber haben ein kommerzielles Ziel. Den in den vergangenen Jahren gewachsenen Dimensionen kann man eigentlich nur mit einer größtmöglichen Professionalität begegnen. Da zählt nicht so sehr die Frage, ob das machbar ist, sondern was hast du zu sagen, was ist dein Vorschlag. Die erforderliche Professionalität ist dabei eine Grundbedingung. Wir werden bei Anfragen oft nach unserer Meinung als Architekten gefragt und schlüpfen in die Rolle eines Rat- oder Ideengebers. Aber im Laufe der Zeit haben wir viele, viele Erfahrungen gesammelt und ein Gefühl für die richtige Antwort entwickelt. Manchmal liegen wir auch daneben oder es bleibt bei einer generellen Vision aufgrund von Zeitmangel.

ST raum a.: Winy, was ist das Hauptziel in deiner Arbeit?

WINY MAAS: Ich bin ein sehr neugieriger Mensch. Ich glaube, dass Neugierde neue Dinge hervorbringt. Ich bin neugierig auf die Zukunft, ich will niemals aufhören neugierig zu sein! Wir schaffen immer etwas Steinernes mit Öffnungen und Löchern, die gefüllt werden können. Endloses Addieren. Neugier als Methode. Ich liebe Troja zum Beispiel. Die Stadt, die niemals fertig wird, wo immer etwas Neues hinzugefügt wird, die ewig experimentell bleibt, endlos neu ist.

for our opinion as architects and we slip into our roles as advisors and creative minds. But with time we have gained an great deal of experience and can now sense the right answer. Sometimes we are wrong, or the project does not go beyond a general vision because of lack of time.

ST raum a.: Winy, what is the main objective of your work?

WINY MAAS: I am an incredibly curious person. I believe that curiosity generates new things. I am curious about the future. I never want to lose my curiosity. We always produce things of stone with openings and holes that can be filled. Endless add-ons. Curiosity is the method. I love Troy, for instance. The city that is never completed, where new things are constantly added, which stays experimental and so is perpetually new.

erholen

In unseren Parks und Freianlagen steht die Schaffung einer Atmosphäre, in der sich die Menschen erholen und wohlfühlen, im Mittelpunkt. Die Freude an der Entfaltung von Gefühlen, Intimität und Sinnlichkeit und die Förderung von Neugier, Fantasie und Abenteuerlust haben wir stets im Hinterkopf, wenn wir die Orte der Ruhe oder Elemente für Sport und Spiel planen. Besondere Aufmerksamkeit schenken wir den Bedürfnissen geistig behinderter, kranker und alter Menschen nach sicherer Bewegung und Orientierung im Freiraum. Mit sorgsam ausgewählten Pflanzen und Materialien vervollkommnen wir das Bild eines schönen Parks.

The focus for our parks and landscape designs is on creating an atmosphere in which people can rest and feel comfortable. The pleasure of heightened feelings, intimacy and sensuousness as well as an endeavour to encourage curiosity, imagination and a love of adventure are always on our minds when designing places for rest or recreation and sports. We pay special attention to the need of the mentally handicapped, sick and elderly for a safe outdoor environment enhanced for movement and orientation. Our careful choice of plants and materials completes the picture of a beautiful park.

relax

01

01 Barock inspiriert Modern Art
Baroque inspires modern art

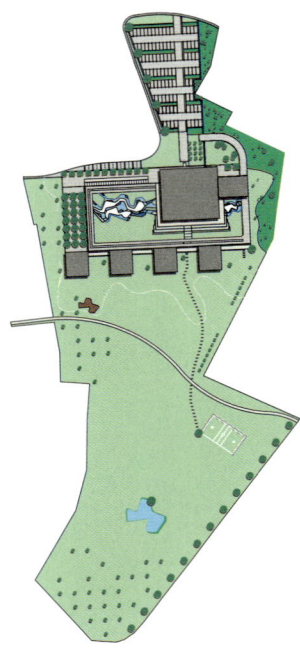

■ **Park und Parkplatz für Sparkassenakademie und Seminarhotel,
Lichtenwalde, Deutschland, 2002**

Die reizvolle, von starken Höhenunterschie-
den geprägte Lage des Geländes in einem
Landschaftsschutzgebiet und in unmittel-
barer Nähe einer barocken Schlossanlage
wecken künstlerische Fantasien für den Außenraum. Die Adaption von barocken Ele-
menten spiegelt sich in der Wahl von großen
Heckenkörpern auf dem Parkplatzgelände, in
der Gestaltung des Rasenparterres und des
Belvederes wider. Eine Neuinterpretation des
Lustgartens stellt der „Slurp" am Hauptgebäude dar. Blaue Kunststoffwege, von geschwungenen Eibenhecken und Rhododendren dicht
umwuchert, erinnern an ein Flussdelta. Helle,
verstreute Kugeln erzeugen bei Nacht roman-
tisches Licht. Verspielte Elemente wie „Spar-
Katzen" auf den Dächern der Gebäude zur
Vogelabschreckung und gänseblümchenum-
wachsene Terrassenstufen laden zum Lust-
wandeln ein.

■ **Park and parking for the Savings
Bank academy and seminar hotel,
Lichtenwalde, Germany, 2002**

The site is located in an attractive landscape
conservation area with strong topographical
features. The neighbouring Baroque palace
grounds stimulate the artistic imagination
for the gardens. Adaptations of Baroque
elements are mirrored in the design of the
large hedges in the car park, the turf parterre
and the belvedere above the service building. The "Slurp" near the main building con-
stitutes a reinterpretation of the pleasure
garden. Paths with a blue rubberised surface
finish are lined with dense and sweeping
yew hedges and rhododendrons remindful
of a river delta. Playful elements – such as
"kitty banks" on the roofs to scare off birds,
and grass steps planted with daisies – were
included to encourage joyful strolling.

Slurp – Heckengarten (rechts)
Slurp – hedge garden (right)

Rasenparterre mit „Slurp" (S. 42/43)
Turf parterre and "Slurp" (pp. 42/43)

Tausendschönchenstufen
Daisy steps

45

ANDREAS BOLLMANN

OLAF DORAU

ALFONS DEVENTER

2002

2002

„Wie kaum ein anderes Projekt zeigt das Vorhaben
in Lichtenwalde, wie wesentlich das Zusammenspiel von Gebäude- und Freiflächengestaltung
die Qualität eines Standortes bestimmt."

Andreas Bollmann, Architekt

„Als wir 1996 den Auftrag für die Projektentwicklung und Grundlagenermittlung erhielten,
war der Begriff der ‚Nachhaltigkeit' im Bauwesen
noch nicht geprägt. Heute freuen wir uns, einen
Beitrag dazu geleistet zu haben."

Alfons Deventer und Olaf Dorau (Projektleiter),
Deventer + Partner Projektsteuerung

„Spar-Katze" (oben)
"Kitty bank" (top)

Parkplatz mit Heckenkörpern (links)
Car park with hedges (left)

02

Schöne Aussicht
A beautiful view

■ **Umgestaltung Neuer Lustgarten, Hennickendorf, Deutschland, 2004**

Die Schönheit des Lustgartens am Ufer des Stienitzsees rückt auf neue Weise in das Blickfeld von Hennickendorf. Über einen Weg gelangen die Bewohner aus dem Zentrum der Stadt auf die Anhöhe des Parks zur Kindertagesstätte. Verwilderte Sträucher und Tothölzer wurden entfernt, womit eine größere Weite und Offenheit erzielt werden konnte. Drei Schneisen durch das Baum- und Strauchdickicht geben die Sicht auf den See, den Wachtelberg und den Kirchturm von Hennickendorf frei. Die Parkbesucher spazieren auf einem neuen Rundweg mit kleinen Nebenpfaden. Pflanzinseln mit üppig blühendem Rhododendron rahmen den Festplatz ein, der für den Jahrmarkt und andere Feierlichkeiten genutzt wird. Eine Naturbadestelle und eine schwimmende Badeinsel erweitern das Freizeitangebot des Parks und bringen dem Besucher die Natur auf fröhliche Art nah.

■ **Redevelopment of the New Pleasure Garden, Hennickendorf, Germany, 2004**

The beauty of the pleasure garden on the shores of Lake Stienitz is the new focus for Hennickendorf. A path leads away from the city centre up to the children's nursery on the hill in the park. Overgrown shrubs and dead wood have been removed, creating wide-open spaces. Three visual axes have been cleared through the thicket of trees and shrubs to the lake, creating open vistas looking towards Wachtelberg and the church spire of Hennickendorf. Visitors stroll along the new circular path or along smaller side trails. Islands of copiously flowering rhododendrons line the festival grounds, which host fairs and other festivities. A pond for swimming and a floating island extend the recreational facilities in the park and offer visitors a friendly introduction to nature.

Blick von der Anhöhe (rechts)
View from the hill (right)

INGE GLÜCK

2004

UWE SCHIEFERDECKER

2004

2004

„Der neue Lustgarten ist wie eine ‚Grüne Oase'
in Hennickendorf. Wenn ich mit meinem Mann
spazieren gehe, genießen wir von der Anhöhe die
Blicke zum Stienitzsee und zum neuen Festplatz."

Inge Glück, Passantin

„Den Landschaftsarchitekten von ST raum a. gelang
es, mitten im Dorf moderne Akzente zu setzen."

Uwe Schieferdecker, BSG Brandenburgische
Stadterneuerungsgesellschaft

Neuer Rundweg (oben)
New circular path (top)

Sitzgelegenheiten (Mitte)
Seating (middle)

Lauschiges Plätzchen (unten)
A cosy spot (bottom)

Ruheinsel mit Aussicht (rechts)
Islands of calm with a view (right)

Badestelle (oben, links)
Swimming pond (top, left)

Steg (oben, rechts)
Boardwalk (top, right)

Weg zum Stienitzsee (links)
Path to Lake Stienitz (left)

03

Exotische Gärten
Exotic gardens

■ **Königspark, Sotchi, Russland, 2008**

Der Königspark liegt zu Füßen der Ausläufer des Kaukasus' am Schwarzen Meer. Die Geschichte des Parks lehnt sich an die Geschichte der Könige an, die seit dem 16. Jahrhundert Forscher über die Meere in die Welt schickten, um unbekannte Pflanzen und Tiere in den heimischen Park zu holen. Das ursprüngliche Gelände des Königsparks in Sotchi verfügt über zahlreiche exotische Baumarten wie Magnolie, Zypresse, Zeder, Eukalyptus, Amberbaum und Mammutbaum. Im Königspark entstanden Gärten mit prachtvoll blühenden Bäumen, Sträuchern, Blumen und exotischen Vögeln. Die Wege zwischen den Gebäuden schlängeln sich wellenförmig über das Gelände. Sie symbolisieren den Transport der „Exoten" über die Meere. Auf diesen Wegen gelangt der Spaziergänger über Stufen von der Voliere zum Kletterwald, vom Skulpturengarten in den Gewürz- und Duftgarten, vom Lotosbecken zum Palmengarten, vom Bambuslabyrinth zum Strand. Auf großen Kieselsteinen und Bänken sitzend, kann der Spaziergänger den Blick auf das Meer genießen. Im neuen Königspark wird sozusagen die Welt nach Sotschi geholt – die Welt mit ihrer Vielfalt an Pflanzen, Tieren und Kunstobjekten und natürlich ihrer Vielfalt an Menschen.

Palmengarten (oben, rechts)
Palm garden (top, right)

Volière (unten, rechts)
Aviary (bottom, right)

■ **Kings Park, Sochi, Russia, 2008**

Kings Park is situated in the foothills of the Caucasus on the Black Sea. The park's history traces the history of the kings who, from the 16th century on, began sending explorers across the seas to collect unknown plants and animals for their parks at home. The original site of the Kings Park in Sochi has numerous exotic tree species, such as magnolia, cypress, cedar, eucalyptus, liquidambar and sequoia. Magnificent gardens were created with flowering trees, shrubs, flowers as well as exotic birds. Winding paths link the buildings across the undulating topography. They symbolise the passage the exotics took across the seas. Visitors take these paths and walk up steps between the aviary and climbing wall, sculpture garden and scented garden, lotus pool and palm garden, bamboo maze and the beach. Seated on large pebbles and benches people can enjoy the view to the sea. The new Kings Park could be said to bring to Sochi the world – in all its splendour – of plants, animals, objects of art and, naturally, its diverse people.

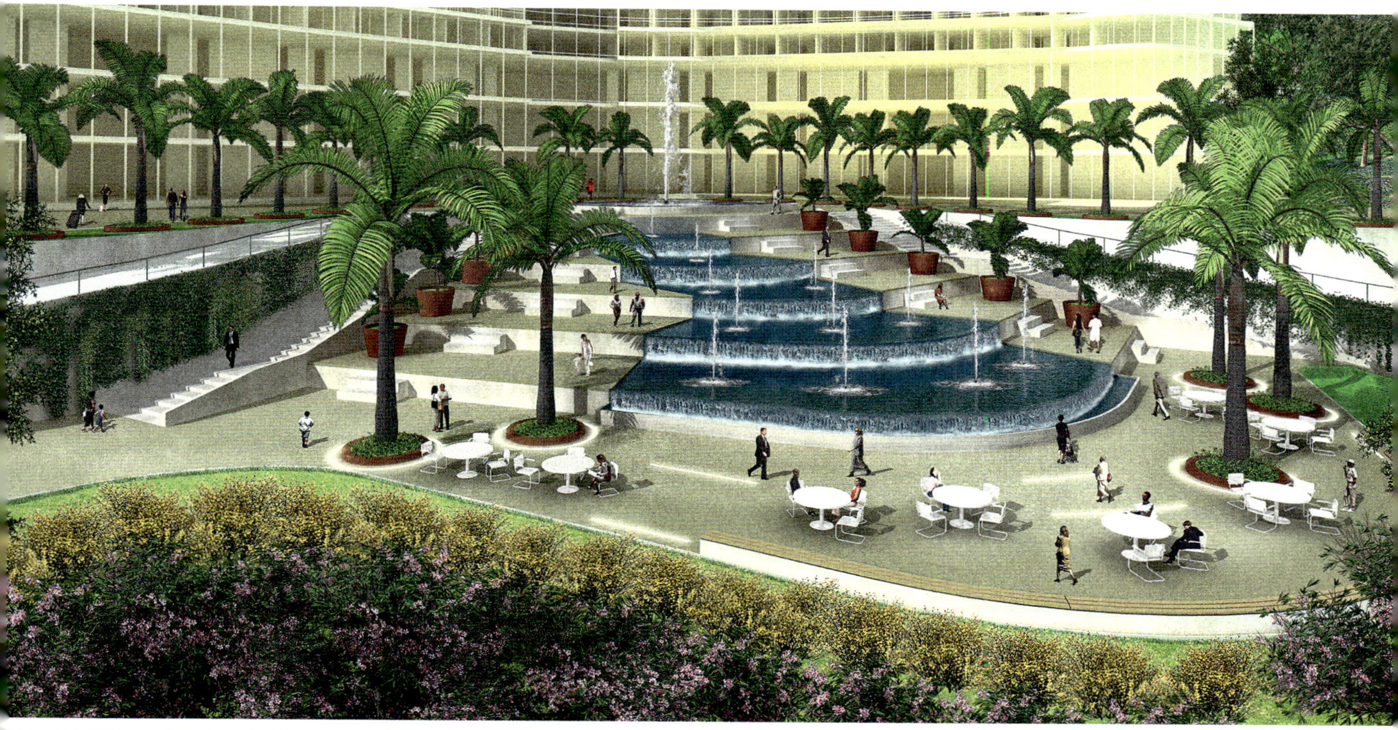

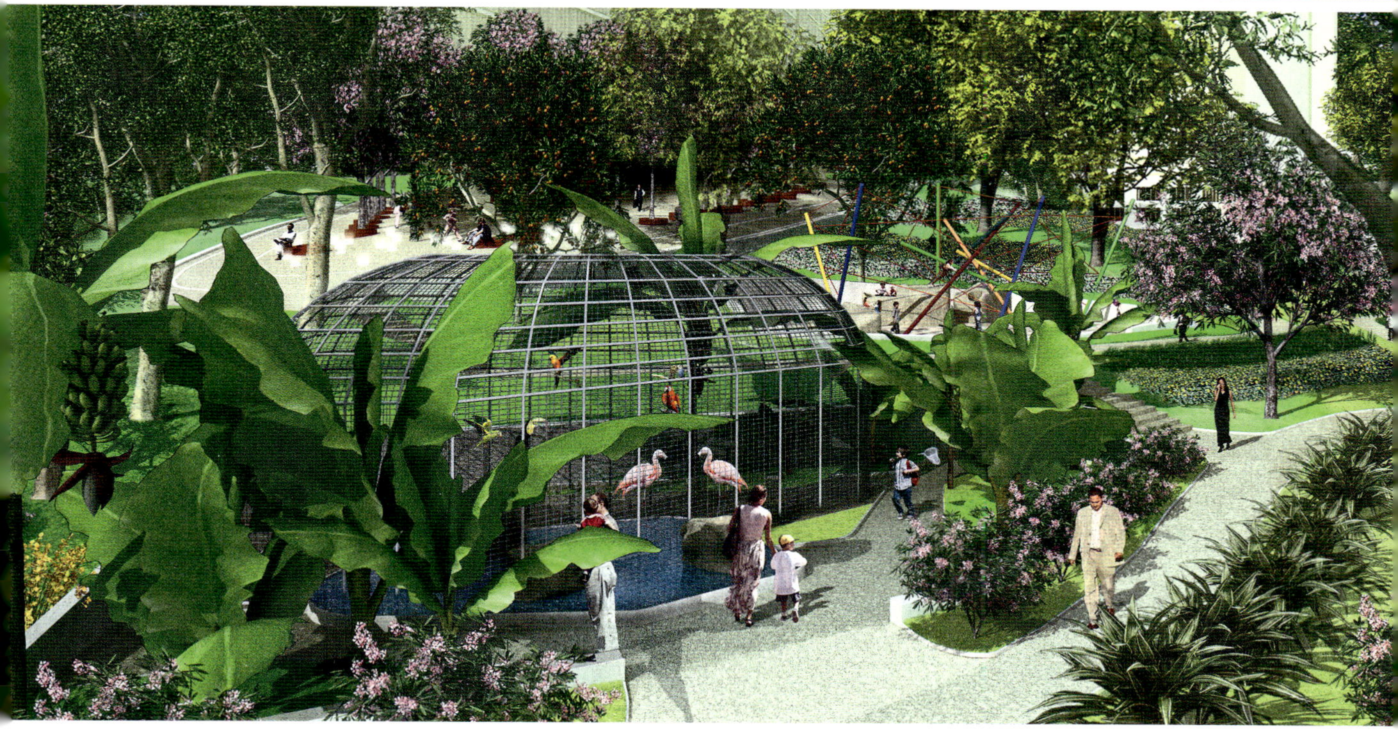

04

04 Auf weite Sicht
A long view

■ **Stadtteilpark und Stadtplatz
für neues Wohnquartier
Neugraben-Fischbek, Hamburg,
Deutschland, 2008**

Der Park für das neue Wohngebiet nimmt das typische Landschaftsbild der Süderelbemarsch mit ihren weiträumigen Flächen auf, die von Gräben und Baumreihen gegliedert sind. Die Anlage ist geprägt von einer offenen, großflächigen Wiese, die von Alleen gerahmt wird. Strahlenförmige Parkwege führen über die Wiese zum „Aktionsband", in dem Baumhaine aus Birken, Vogelkirschen, Ahorn, Obstgehölzen und bereits vorhandenen Eichen autarke Räume schaffen. In diesen Räumen liegen Schwellen und Trittsteine, die sich als modulares System an sich wandelnde Nutzungsansprüche und Aktivitäten anpassen lassen. Zusätzliche Spielflächen oder neue Wegeverbindungen können ohne großen Aufwand geschaffen werden. Der Bahnhofsvorplatz verbindet den Bahnhof mit dem neuen Stadtpark. Nebelbrunnen und Sitzbänke auf dem Platz vermitteln einen Vorgeschmack auf Freizeitspaß und Erholung im weitläufigen Park.

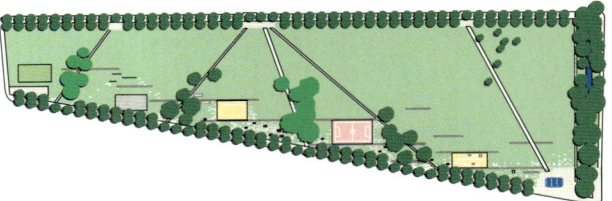

■ **Neighbourhood park and urban
square for the new residential area
Neugraben Fischbek, Hamburg,
Germany, 2008**

The park for the new residential area includes some of the typical landscape character of the marshland along the River Süderelbe, with wide expanses of grassland structured by ditches and lines of trees. The space is defined by a large open meadow which is framed by avenues. Paths radiate out across the grass to a "band of action", where groves of birch, wild cherry, sycamore, fruit trees and existing oak create independent spaces. Sleepers and stepping stones provide a modular system in these spaces, which can be adapted to changing uses and activities. Extra play areas or new paths can easily be added without much intervention. The station forecourt links the railway station and the new urban park. Fountains spraying mist and benches in the square convey a taste of the recreation and leisure pursuits awaiting visitors to the park.

Wege-Strahlen (rechts)
Radiating paths (right)

„Aus einer kurzweiligen Wettbewerbszusammen-
arbeit entstand ein schöner, klarer Entwurf."

Andreas Horlitz, SEHW Architekten, Geschäftsführer

„Mit dem Bau des Stadtteilparks Neugrabener
Wiesen wird den zukünftigen Bewohner schon weit
vor ihrem ‚Einzug' ein grüner Mittelpunkt im Quartier
geschaffen."

Ulrich Stief, Bauleiter

Alte Bäume treffen neue
Old trees meet new trees

Neue Wege (oben, links)
New paths (top, left)

Freizeitspaß (oben, rechts)
Fun and recreation (top, right)

Spazierfahrt durch Süderelbemarsch (links)
Riding across the Süderelbe marshes (left)

05 Saiten der Stadtharfe
Strings of a city harp

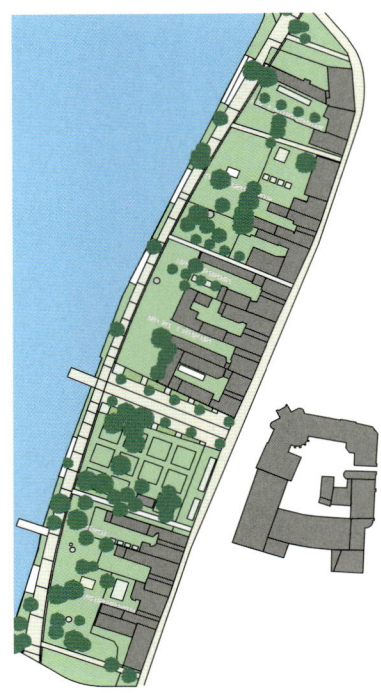

■ Uferpromenade am Luisenhain, Berlin, Deutschland, 2006

Die den Luisenhain umspannende „Harfe" ist eine harmonische Komposition aus der Verbindung der historischen Altstadt von Köpenick mit dem Wasser der Dahme. Ihre aus Granit gestalteten „Saiten" formen die historischen Wassergassen nach. Die Wohnhöfe werden geöffnet und mit neuen Passagen versehen. Den „Harfenrahmen" bildet eine Uferpromenade aus hellem Granitstein, von der Treppen mit breiten Podesten zum kühlen Nass führen. Allseits überschaubare Eibenhecken rahmen die Wege. Bodenstrahler illuminieren Weißdornbäume bei Nacht. Die Umfriedungen der angrenzenden Wohngebäude wurden im Sinne einer größeren Offenheit, Transparenz und Lebensqualität abgetragen. Stadt und Wasser finden zusammen.

■ Embankment walk at Luisenhain, Berlin, Germany, 2006

The "harp" spanning Luisenhain is a harmonious composition connecting the old town of Köpenick and the water of the River Dahme. The strings are shaped in granite and retrace the historical waterways. The residential courtyards were opened up to receive new pedestrian passages. The "harp's frame" is formed by an embankment walk paved with light granite from which steps, widened into generous platforms, lead down to the water's edge. Low yew hedges border the paths without obstructing the view. Recessed floor lights illuminate the hawthorn trees at night. The fences from neighbouring residential buildings were removed to enhance openness, transparency and quality of life. City and water exist in symbiosis.

Uferpromenade (rechts)
Embankment walk (right)

Träumen an der Dahme (oben)
Dreaming on the Dahme (top)

Wasser-Altstadt-Komposition (links)
Water-Old Town composition (left)

„Mit dem Projekt ‚Stadtharfe' ist es in besonderer Weise gelungen, Wasser, Grün und historischen Stadtraum zu einem attraktiven und für alle Altersgruppen nutzbaren Freiraum zu verbinden."

Sabine Tillack, Bezirksamt Treptow-Köpenick von Berlin, Stadtplanungsamt

„Im Sommer flanieren viele Menschen entlang der Dahme."

Margot Lux und Ruth Rötz, Besucher

„Ein erhebender Moment, auf der langen Promenade entlang der Spree langsamen Schrittes zu laufen. Im Spätsommer bilden die warmen Farben der Wegebeläge eine fühlbare Einheit mit der einsetzenden Herbsttönung der Gehölze."

André Heyner, Otto Kittel GmbH & Co, Garten-, Landschafts- und Sportplatzbau GmbH

„Die Art der Gestaltung gefällt mir sehr gut, besonders die wechselnden Pflasterformate."

Dieter Großhans, Herr und Frau Vievermans, Besucher

Neue Passagen (rechts)
New passages (right)

Fenster zum Wasser (S. 76/77)
Window to the water (pp. 76/77)

06

06 Marina und Mole
Marina and mole

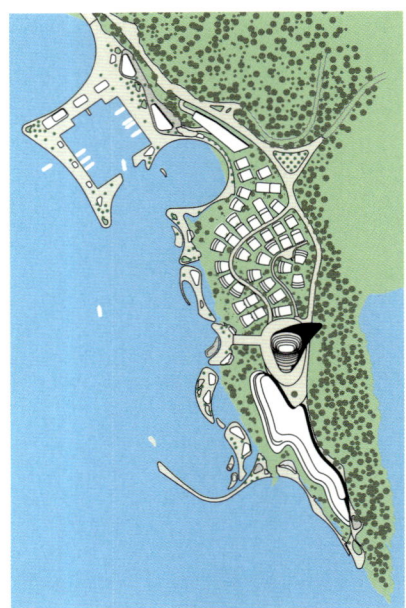

■ **Promenade und Yachthafen für Feriensiedlung auf Halbinsel Zavala, Budva, Montenegro, 2008**

Die Montenegriner sind stolz auf die Schönheit ihres Landes, auf die traumhaften Buchten an der Mittelmeerküste, die steil zum Dinarischen Gebirge hinaufführen. Ihre Gastfreundschaft zieht Touristen aus aller Welt an. Auf dem steinigen Berg der Halbinsel Zavala wird eine Ferienlandschaft mit einem Hotel und Ferienhäusern gebaut. Entlang der Höhenlinien des Berges weiten sich Wege zu Plattformen aus, von denen aus die Adriaküste bewundert werden kann. An der Küste schlängelt sich eine Promenade mit Restaurants, Cafés und Kiosken, von denen aus künstliche Inseln mit Stränden und Swimmingpools über Holzstege ins Meer abzweigen. Im nördlichen Teil teilt sich die Promenade, als verlängere sie den natürlichen Küstenverlauf. Sie umfasst das Becken der Marina, an der bis zu 24 Yachten anlegen können. Die weit ausladende Mole mündet in einem Aussichtspunkt. An der südlichen Promenadenspitze führen schmale Wanderwege zum benachbarten Naturschutzgebiet.

■ **Promenade and marina for a holiday resort on Zavala Peninsula, Budva, Montenegro, 2008**

The Montenegrins are proud of their beautiful country, the magnificent bays on the Mediterranean rising steeply to the Dinaric Alps. Their hospitality draws tourists from all around the world. On the stony peninsula of Zavala a holiday landscape will be built to include a hotel and holiday homes. Paths lead along the contours of the mountainside and widen to form platforms offering views of the Adriatic coast. A promenade with restaurants, cafés and small shops snakes along the shoreline. Boardwalks branch off it into the sea, leading onto artificial islands with beaches and swimming pools. In the north, the promenade forks as if to extend the natural coastline. It encloses the marina with moorings for up to 24 yachts. The breakwater projects far into the sea, terminating in a viewpoint. At the southern end of the promenade narrow hiking paths lead to the neighbouring nature reserve.

Promenade mit Yachthafen und Inseln (rechts)
Promenade with marina and islands (right)

07

Wellenschlag am Rolandufer
Waves on Rolandufer

■ **Park für Hauptverwaltung des Sozialverbandes Deutschland e.V., Berlin,
Deutschland, 2003**

Die traumhafte Lage am Ufer der Spree inspiriert die Gestaltung der Außenanlagen des
neuen Bürogebäudes für den Reichsbund. Das
direkte Umfeld ist eine mit Streifen durch-
zogene Platzfläche, die sowohl für repräsen-
tative Zwecke als auch als Aufenthalts- und
Außenbereich für gastronomische Einrichtungen dient. Die vorhandenen Bäume wurden mit Kirschlorbeer und Eiben unterpflanzt.
Fünf Säuleneichen mit je einem Sitzelement,
am Rand der Platzfläche gelegen, setzen zu-
sätzlich optische Akzente. Ein seichtes Rasen-
wellenmeer schließt direkt an der Rückseite
des Gebäudes an. Plattenstreifen mit Sitzgelegenheiten und unterschiedlich hohe und
breite Buchenhecken gliedern die Wellen in
ein parkähnliches, öffentlich zugängliches
Ensemble. Von hier aus ergeben sich abwechslungsreiche Ausblicke zur Spree und
zur umliegenden Stadt.

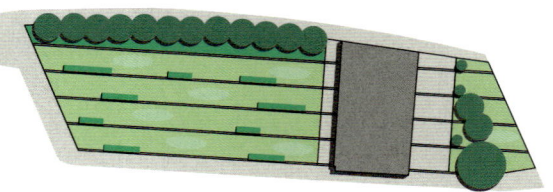

■ **Park for the headquarters of Sozialverband Deutschland e.V., Berlin,
Germany, 2003**

The magnificent location on the banks of the
River Spree inspired the design for the landscape around the new office building. Immediately outside it, there is an open space
crossed by stripes. It serves as a representa-
tional area and as seating space for gastro-
nomic facilities. Existing trees were underplanted with cherry laurel and yew. Five
fastigiate oaks with seating elements were
arranged along the periphery of the space to
provide additional visual accents. A sea of
gentle waves of lawn lies immediately behind the building. Strips of paving slabs with
seating and beech hedges cut to different
heights and widths structure the waves into
a park-like, publicly accessible ensemble.
From here, varied and interesting views towards the River Spree and the surrounding
city can be enjoyed.

Rasenmeer (rechts)
Sea of lawn (right)

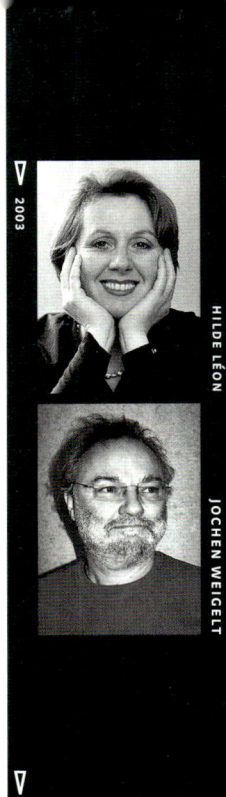

„Getoppt worden wäre die städtische Komplexität von Gebäude und öffentlichem Freiraum, wenn der Park, wie ursprünglich von st raum a. geplant, bis zum Ufer der Spree reichen würde."

Hilde Léon, Léon Wohlhage Wernik Architekten

„Klare Linien finde ich nicht schlecht, passt zum Haus."

Jochen Weigelt, Haustechniker vor Ort

Säuleneichen (oben, links)
Fastigiate oak (top, left)

Eingang mit Sitzelement (oben, rechts)
Entrance with seating (top, right)

Blick über die Spree (rechts)
View across the River Spree (right)

Park mit Buchenhecken (S. 88/89)
Park with beech hedges (pp. 88/89)

08

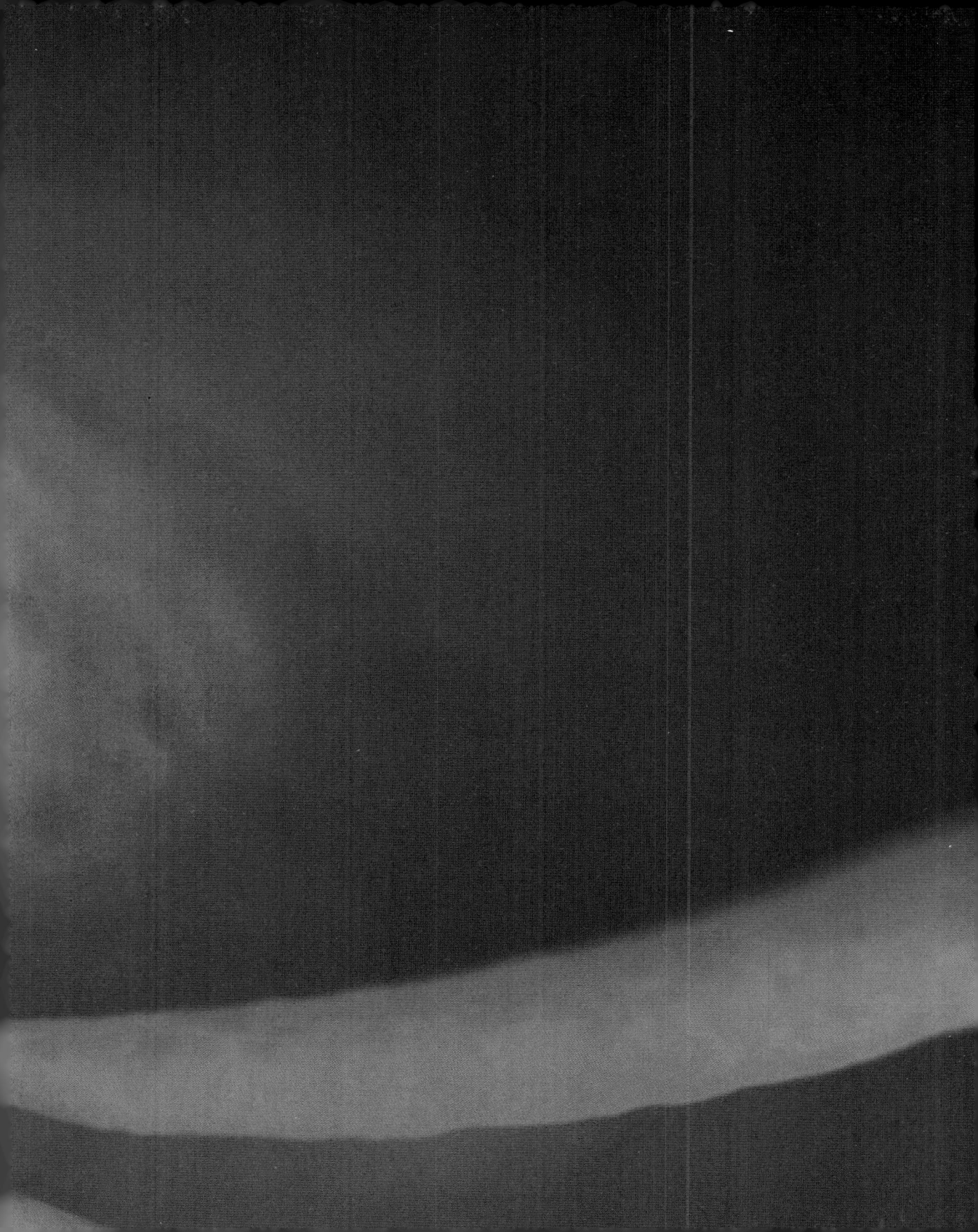

Gärten der Träume, Inseln der Freude
Gardens of dreams, islands of joy

■ **Gärten und Steg für Kempinski-Hotel, Nizhniy Novgorod, Russland, 2008**

Das Gelände liegt in einer malerischen Landschaft an den Ufern der Wolga. Es ist ein Ort, der durch Großzügigkeit und Weite gekennzeichnet ist. Das Zentrum der neuen Hotelanlage in Form einer Ellipse ist das Herz der neuen Landschaft. Von hier aus führen Strahlen und Linien zu den Inseln der Freude und den Gärten der Träume. Kleine Pfade erschließen Terrassengärten, die an der Hangkante zur Stadt liegen. Die Gärten eröffnen einen weiten Blick über die Wolgalandschaft. Ein besonderer Höhepunkt ist dabei der Wasserfall, dessen Wasser vom Hang in den Park fließt. In Hotelnähe liegen die Gärten der Träume, die der Muße und Entspannung dienen. Ein Rosengarten mit Pergolen und einem Pavillon regt die Sinne an. Im Buxuslabyrinth verliert sich das Gefühl für die Zeit. Das Wasserrosenbecken bringt den Himmel nahe. Ein Garten der Formen mit geschnittenen Gehölzen ordnet die Gedanken. Ein langer Steg führt vom Hotel zu einer Halbinsel mit Aussichtsplattform an der Wolga. Diese Halbinsel wirbt als Botschafterin für weitere Inseln der Freude entlang der Uferpromenade.

■ **Gardens and jetty at the Kempinski Hotel, Nizhni Novgorod, Russia, 2008**

The site is situated in the picturesque landscape along the River Volga, a place characterised by generosity and expansiveness. The centre of the new hotel grounds is designed in the shape of an ellipse and forms the heart of the new landscape. From here, rays and lines extend to the islands of joy and gardens of dreams. Narrow paths lead to terraced gardens on the rim of the slope down to the city. The gardens offer a wide view across the Volga landscape. One of the highlights is the waterfall and river flowing down the slope into the park. Closer to the hotel are the gardens of dreams, intended for leisure and relaxation. A rose garden with a pergola and pavilion stimulates the senses. Any sense of time is lost in the box maze. The water-lily pond brings the sky closer. The garden of shapes displaying clipped trees and shrubs structures the thoughts. A long jetty leads from the hotel to the peninsula and viewing platform in the River Volga. This peninsula acts as an ambassador promoting further islands of joy along the embankment walk.

Rosengarten mit Pergola (oben, rechts)
Rose garden with pergola (top, right)

Wasserfall und Gärten der Träume (unten, rechts)
Waterfall and gardens of dreams (bottom, right)

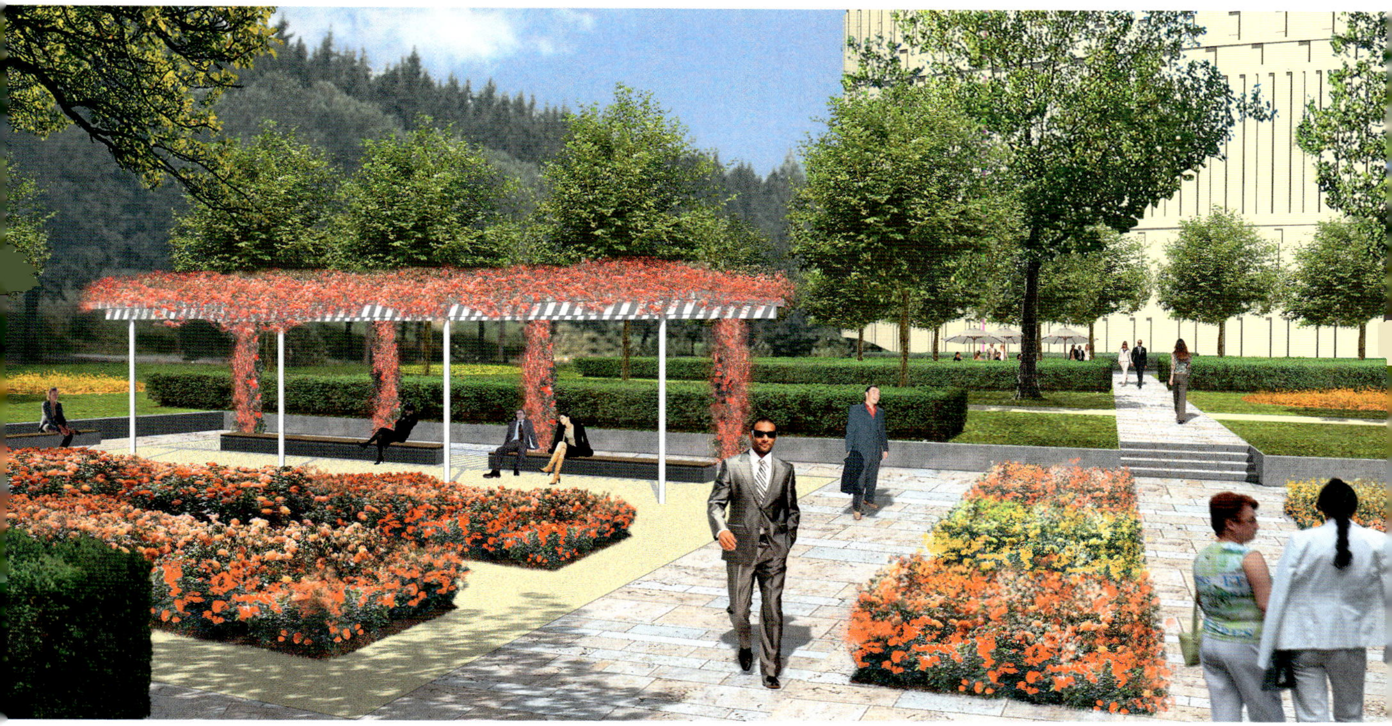
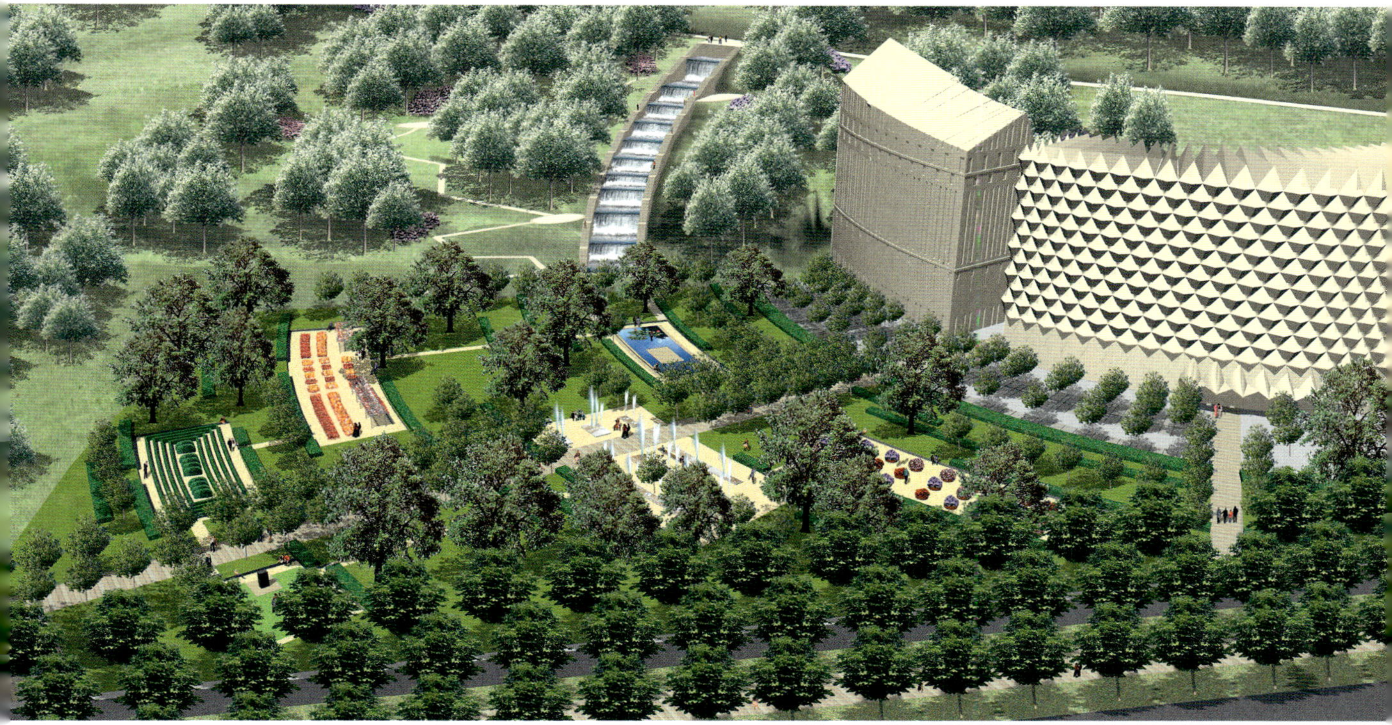

lernen

lernen

Im öffentlichen Raum widmen wir uns der Gestaltung von Schulen, Ämtern, Museen, Besucherzentren und Justizvollzugsanstalten. In einer Welt der zunehmenden Beschleunigung von Prozessen geben wir Anregungen zum Innehalten, zum entspannten Miteinander und zur Auseinandersetzung mit der Umwelt. Dabei versuchen wir, Fantasie und Gefühle zu wecken, die den persönlichen Entwicklungsprozess anstoßen oder begleiten. Wir geben Hilfestellungen zur Orientierung im Freiraum für das alltägliche Leben. Mit künstlerischen Mitteln kitzeln wir die Lust an der Bewegung im Freien heraus und wollen dabei auch bei den Nutzern den Sinn für Ästhetik entwickeln und stärken helfen. Ganz wichtig ist uns der verantwortungsvolle Umgang mit Rohstoffen unserer Natur bei der Gestaltung der öffentlichen Freiräume.

In the public realm we are dedicated to designing schools, municipal buildings, museums, visitors' centres and correctional facilities. In a world of ever increasing acceleration of all processes, we offer a reason to pause, relax and think about our environment. In doing so, we endeavour to stir the imagination and emotions which will stimulate and accompany the path of our personal development. We assist orientation in open spaces in everyday life. Using artistic means, we coax users into appreciating the joy of movement out of doors while also helping to develop and reinforce their appreciation of aesthetics. We believe that the responsible use of natural resources is very important in the design of public spaces.

09

■ **Vorplatz und Schulhof für Otto-Hahn-Schule, Berlin, Deutschland, 2007**

Der Sprung des Schülers ins kalte Wasser beim Start in seine Schülerlaufbahn und die Vermehrung seines Wissens und seiner Erfahrungen in langen Schuljahren wird in dieser sportorientierten Schule künstlerisch umgesetzt. Steinerne Schwimmbahnen ziehen sich vom Vorplatz der Schule = Start, durch das Foyer in den Schulhof = Ziel. Dichte Pixelstrukturen symbolisieren die Bewegungen im kalten Nass. Der offene Schulhof bietet Raum für freies Spiel und Bewegung. Eine Holzbühne, ein Basketball- und Kletterfeld und ein „Naturwald" regen die Kreativität der Schüler an. Der „Naturwald" wurde dicht bepflanzt. Er wird sich mit den Jahren zu einem echten Biotop und grünen Klassenzimmer entwickeln, in dem Insektenarten während des Biologieunterrichts beobachtet werden können. Der Pausenhof leitet über zu den Schulgärten und Sportflächen. Das Schulgelände weckt Lust auf neue Taten!

■ **Forecourt and schoolyard at the Otto Hahn school, Berlin, Germany, 2007**

In its design, the Otto Hahn school, which specialises in sports, interprets artistically the way pupils are thrown in at the deep end when they embark on their school careers, and the way they acquire knowledge and gain experience during their long years of schooling. Stone swimming lanes extend from the forecourt of the school = start, through the lobby to the schoolyard = finish. A densely pixeled paving pattern evokes movement through water. The open schoolyard provides space for free play and movement. A timber stage, basketball court, climbing wall and "nature woodland" stimulate the creativity of the pupils. The "nature woodland" is densely planted. Over the years it will develop into a habitat and a green classroom where species of insects can be observed during biology classes. The schoolyard leads onto the school gardens and playing fields. The school grounds inspire interest in new activities.

Steinerne Schwimmbahnen (rechts)
Stone swimming lanes (right)

„Der Wettbewerbsentwurf konnte nahezu 1:1 umgesetzt werden, und trägt sicherlich zu einem positiveren Image der Neuköllner Schullandschaft bei."

Hubert Dohle, Dohle + Lohse Architekten GmbH, Geschäftsführer

„Mehr Bänke wären gut. Der Überblick aus der Schule heraus ist schön. Wir als Oberstufe haben den Überblick. Unser Lieblingsplatz ist das Holzpodest."

Riheb und Birgül, Schülerinnen

„Freude über die Attraktivität dieses Neubaus mit seinen Außenanlagen, der vom größten Teil der Schüler und Schülerinnen, deren Eltern und dem Kollegium der Schule positiv aufgenommen wird."

Gabriele Holz, Otto-Hahn-Oberschule, Schulleiterin

Holzbühne
Timber stage

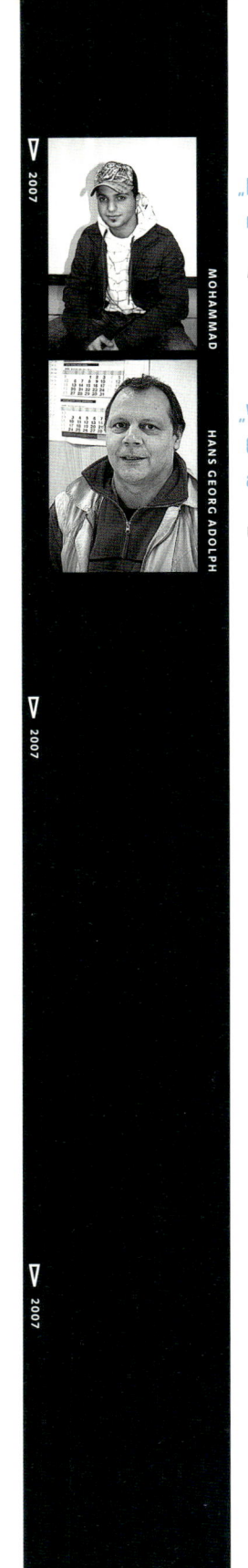

MOHAMMAD

HANS GEORG ADOLPH

„Der Naturwald ist etwas Einmaliges. Die Strukturie-
rung der Schule zeigt ihre sportliche Ausrichtung."

Mohammad, Schüler

„Wer hat schon morgens um sieben einen Radlader am
Ohr, der den Oberboden ca. 1,50m neben meinem Ohr
abschiebt, verbunden mit wohligem Dieselgeruch."

Hans Georg Adolph, Dohle + Lohse Architekten GmbH

Basketballfeld mit Bodenwelle (rechts)
Basketball court and wave (right)

Schulgebäude mit ‚Naturwald' (S. 104/105)
School building and 'nature woodland' (pp. 104/105)

CAN YOU DO IT?

Grünes Klassenzimmer (oben)
Green classroom (top)

Im „Naturwald" (rechts)
In the "nature woodland" (right)

Vor dem Schulgebäude (oben)
In front of the school buildung (top)

Steinerne Sitzkissen (links)
Stone cushions (left)

10

Garten im Nebel
Garden in the mist

■ **Nebelgarten für Landesgartenschau, Vöcklabruck, Österreich, 2007**

Oft sind die Randzonen die Stiefkinder einer Landesgartenschau. Im Versuch, dem entgegen zu wirken, lockt in Vöcklabruck ein Nebelgarten die Gartenschaubesucher zu einer Wanderung ins Ungewisse. Weiche, feuchte Untergründe aus Moos und Gras, unterbrochen von einzelnen festen Trittsteinen, führen in das feuchte Reich unter hohen Baumkronen und immergrünen Sträuchern. Einzelne Trittsteine erheben sich aus dem Boden und veranlassen den Besucher zum Innehalten, Riechen und Fühlen. Setzt er seine Wanderung fort, gelangt er zum Nebelbrunnen, der in unregelmäßigen Abständen Nebelschwaden in den Garten wabern und Mensch und Natur eins werden lässt.

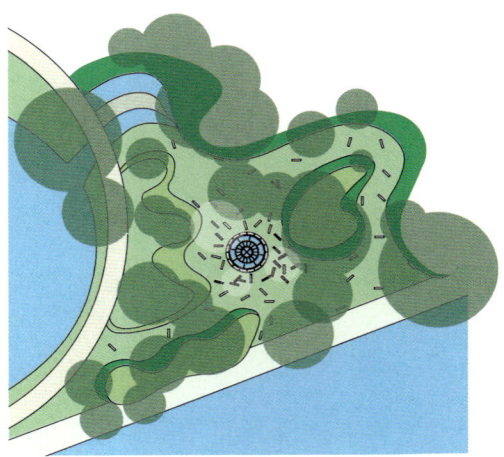

■ **Mist garden for the Regional Garden Festival, Vöcklabruck, Austria, 2007**

The peripheral areas of regional garden festivals are often treated as the poor relation. To counter this, a mist garden lures festival visitors into the unknown. The soft, moist ground covered in moss and grass is interrupted only by single, firm stepping stones that lead into the humid realm beneath high tree canopies and evergreen shrubs. Some stepping stones are raised, enticing visitors to pause, smell and feel. Those who continue along this route come across a fountain which sprays wafts of mist at irregular intervals, allowing man and nature merge into one.

Nebelbrunnen (rechts)
Mist fountain (right)

„Aus einem hinteren Winkel des Wasserparks wurde durch den Entwurf des Nebelgartens ein stadträumlich präsenter, attraktiver und überraschender Ort. Ein gern besuchter Raum – wo der Aufenthalt in Erinnerung bleibt."

Christoph Hauser,
Landesgartenschau Vöcklabruck GmbH, Geschäftsführer

„Bei Nacht und geeigneten äußeren Bedingungen taucht gelegentlich das Bild eines Drehortes für einen Hitchcock-Film auf."

Andreas Kastinger,
DI Kastinger Landschaftsarchitektur, Wien

Zwischen Gräsern, Moos und Bäumen
Amid moss, grasses and trees

Tanz im Nebel (oben)
Dancing in the fog (top)

Feuchtgebiet (links)
Wetland (left)

11

Schmelzende Ströme
Molten streams

■ **Plaza für Hauptquartier der Thyssen-Krupp AG, Essen, Deutschland, 2006**

ThyssenKrupp baut eine neue Konzernzentrale, bestehend aus Hauptgebäude, Hotel, Büroeinheiten und Ausstellungskomplex für die Präsentation der Innovationen. Einem Schmelzguss gleich fließen kraftvolle und dynamische Ströme von einer Plaza aus zwischen die Gebäude. Hier im Zentrum brodelt das Leben. Hier finden Veranstaltungen statt, wozu die um die Plaza angeordneten Stufen beste Voraussetzungen bieten. Der Eindruck von Kraft wird durch die Form der Gebäude und durch die Gestaltung der umgebenden Freiräume zu den Themen Wasser, Wind, Feuer und Material verstärkt. Innovative Materialien aus der Produktpalette von ThyssenKrupp, wie Terrazzoböden mit Stahlintarsien und Stahleinfassungen finden dabei Verwendung.

■ **Plaza for the ThyssenKrupp AG headquarters, Essen, Germany, 2006**

ThyssenKrupp is building a new corporate headquarters comprising the head office, a hotel, office units and an exhibition complex for the presentation of innovations. Resembling a molten mass, dynamic and forceful streams erupt at the plaza and spill out between the buildings. The centre is seething with life. With steps arranged around the plaza for viewing, it makes a perfect venue for events. The image of energy is reinforced by the shape of the buildings and the design of the surrounding open spaces on the theme of water, wind, fire and matter. Innovative materials from the ThyssenKrupp range of products have been used, such as terrazzo floors with steel inlays and steel edging.

Lavastrom in der Plaza (rechts)
Lava stream on the plaza (right)

▪ Außenareal für Justizvollzuganstalt, Wulkow bei Neuruppin, Deutschland, 2001

Die Justizvollzugsanstalt ist von Weitem als „Landmarke" mit auffällig inszenierten Natur- und Landschaftselementen zu erkennen. Ein Mäander aus roten Buchen umfasst das Areal des offenen Vollzugs. Eine künstlerisch gestaltete Umwehrungsmauer begrenzt den geschlossenen Vollzug. Der Parkplatz am Eingang des Geländes verwandelt sich mit 100 Kirschbäumen im Frühjahr in ein Blütenmeer. Die Gebäudestellung schafft eine abwechslungsreiche Folge unterschiedlicher Plätze. Im asphaltierten Anlieferungsbereich dominieren farbige Markierungen. Hohe Kiefern prägen den zentralen Anger. Die Kiefern stellen den landschaftlichen Bezug zum angrenzenden Wald her. In den „Freistunden-Höfen", die topografisch modelliert wurden, prägen farblich markante Laubbäume das Bild.

▪ Landscape for the corrective facility, Wulkow, Germany, 2001

The corrective facility is a landmark, designed with conspicuous landscape elements that make it visible at a distance. A meandering line of red beech trees surrounds the site of the minimal security facility. An artistically designed perimeter wall encircles the closed section. The car park at the entrance to the site is planted with 100 cherry trees, which transform it into a sea of flowers in the spring. The layout of the buildings creates an interesting sequence of diverse spaces. Colourful demarcation lines dominate the asphalt delivery area. Tall pine trees lend character to the central green, providing a visual link to the landscape of the adjacent woodland. The topography in the recreation yards is undulating and planted with colourful deciduous trees.

Mäandervegetation (rechts)
Meandering line of vegetation (right)

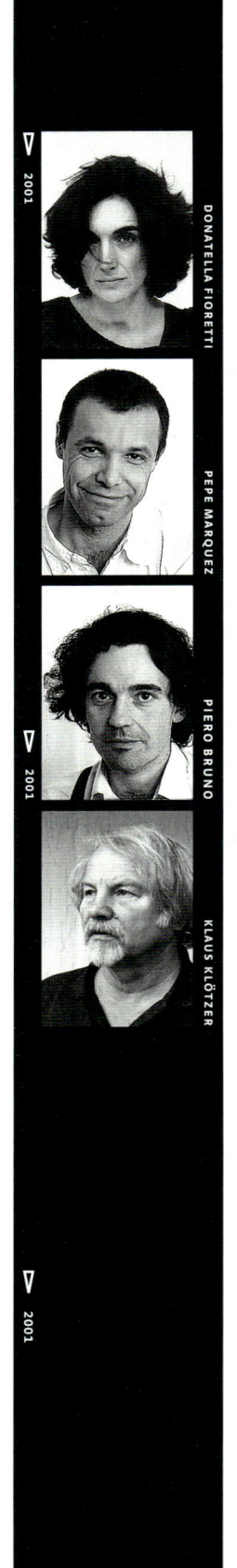

„Die Überlagerung der landschaftsarchitektonischen Instrumente schafft, wie die Velatura-Technik in der Malerei, eine Tiefe und Vielfältigkeit, die das Ganze, Architektur und Freiraum, in eine komplexere Dimension hebt."

Prof. Donatella Fioretti, Pepe Marquez, Piero Bruno, bruno fioretti marquez Architekten

„Ich denke zurück an einen intensiven, von hohem Engagement geprägten Planungsprozess. Entstanden ist ein Werk von überzeugender Qualität und von asketischer Klarheit."

Klaus Klötzer, Ministerium der Finanzen des Landes Brandenburg, Projektleiter

Sportfeld
Sports field

Dachplatanen (oben)
Plane parasols (top)

Freistuncen-Hof (links)
Recreation yard (left)

Vom Samenkorn zur Blüte
From seed to flower

13

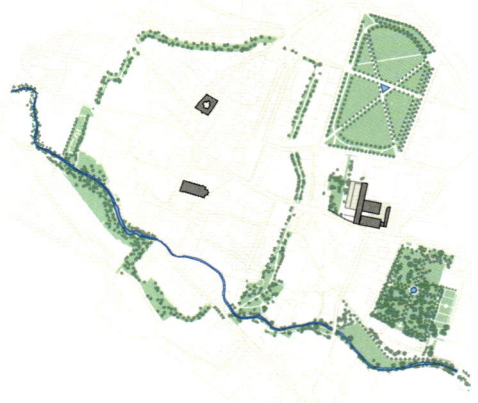

■ **Landesgartenschau 2010,**
Aschersleben, Deutschland, 2010

Die Stadt Aschersleben verharrte während der DDR-, Wende- und Nachwendezeit in ihrer Entwicklung in einer Art Winterschlaf. Das Konzept für die Landesgartenschau 2010 knüpft an die Blütezeiten der Stadt im Mittelalter, während der Gründerzeit und an die zahlreichen Initiativen in den letzten Jahren an. Tatkräftige förderten das Potential der Stadt wieder zutage und legten viele neue Samenkörner, die bereits keimen oder zur Blüte gelangen. Das Thema „Vom Samenkorn zur Blüte" wird während der Landesgartenschau bildhaft umgesetzt. Auf dem gesamten Gelände verteilte Pavillons für Verkaufsstellen und Informationsstände stilisieren mit ihrer ovalen Form Samenkörner. Die Form des Majoran-Samenkorns, der territorial bedeutsamen Anbaupflanze, stand hierfür Modell. Das Motiv der Blüte findet sich im Park Herrenbreite als Blütenbänder und im Rosarium wieder. Der Promenadenring von Aschersleben schließt sich im Frühjahr durch die ergänzende Pflanzung von Bäumen zu einem Blütenkranz.

■ **Regional Garden Festival 2010,**
Aschersleben, Germany, 2010

Throughout the years of communist rule, the fall of the Wall and post-reunification, the town of Aschersleben has remained almost in a state of hibernation. The concept for the 2010 Regional Garden Festival carries on from where the town's periods of prosperity in medieval times and during the late 19th century left off, as well the numerous initiatives in recent years. Resourceful citizens have rediscovered the potential of the town and have sown many new seeds that are already sprouting and beginning to flower. The theme "From Seed to Flower" will be vividly implemented during the Festival. Pavilions with information kiosks and shops are spread across the entire site, their oval shapes representing stylised seeds modelled on the seed of marjoram, an important local crop. The flower motif recurs in a band of blossoms surrounding the rose garden at Herrenbreite Park. In spring, the circular promenade in Aschersleben forms a closed ring of blossom thanks to newly planted trees.

Park „Herrenbreite" (oben, rechts)
"Herrenbreite" Park (top, right)

Campus mit Informationsständen (unten, rechts)
Site with information kiosks (bottom, right)

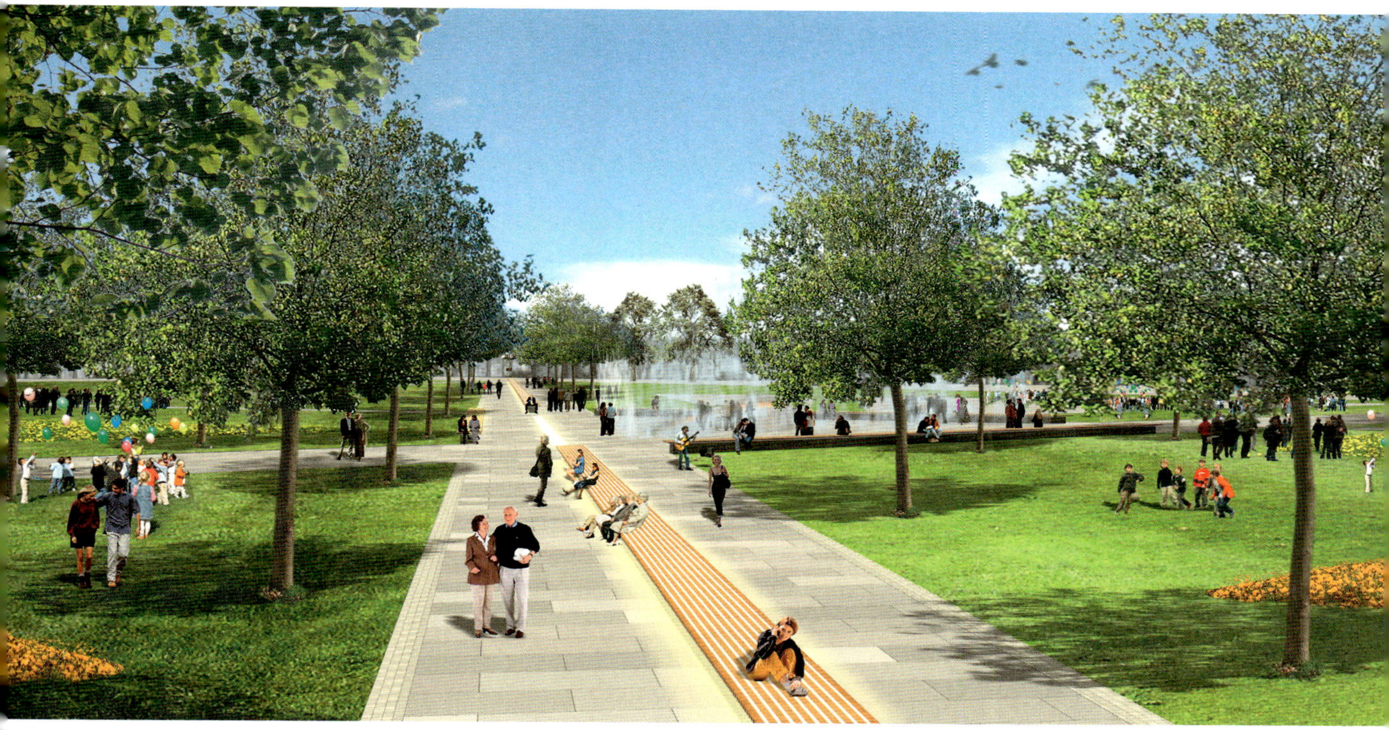

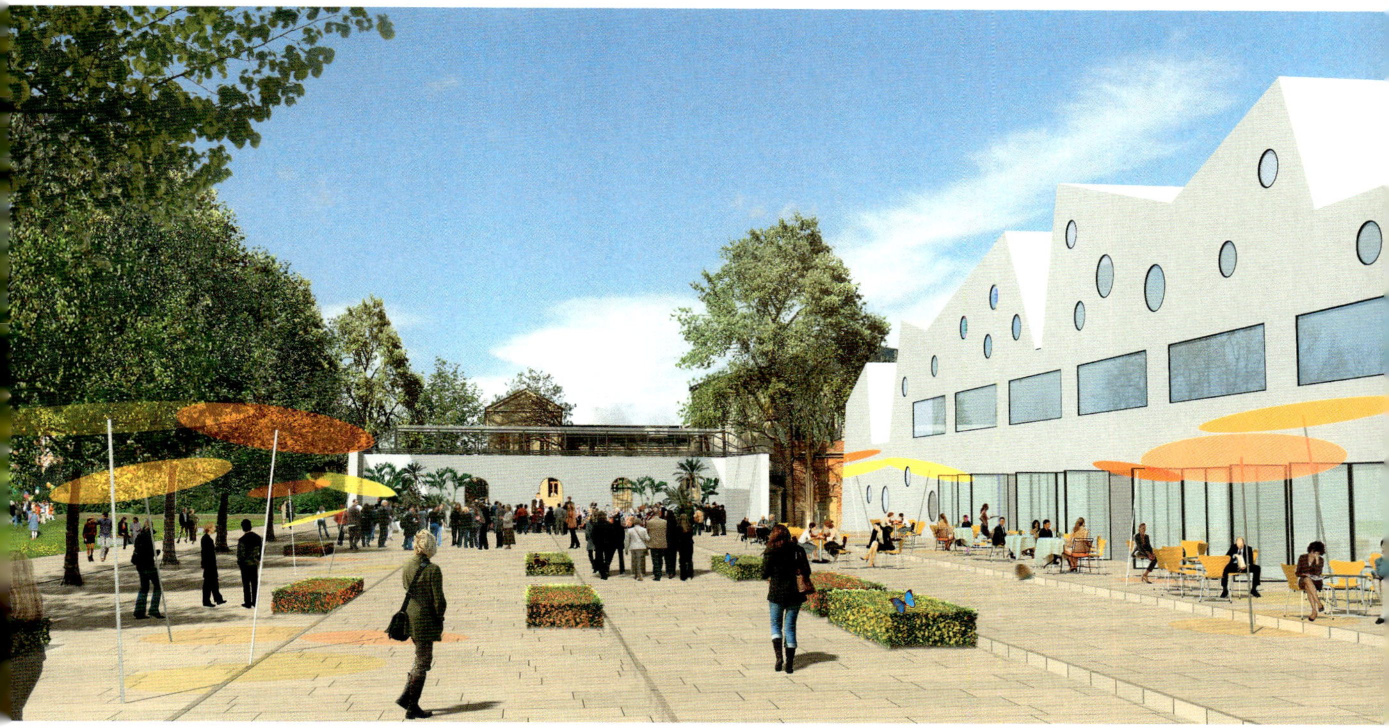

14

Gärten am Falkenberg

Gardens at Falkenberg

■ **Gärten und Innenhöfe für Krankenhaus, Hedwigshöhe, Berlin,
Deutschland, 2007**

Am Berliner Stadtrand bildet das Kranken-
haus Hedwigshöhe mit seinen Erweiterungs-
bauten den Endpunkt der neuen Gartenstadt
Falkenberg. Der Anger ist Ausgangspunkt
für eine Wanderung durch die Gärten des
Krankenhauses. Der Patio am Eingang des
Krankenhauses strahlt mit seiner großen
Kiesfläche, den Gräsern und Steinobjekten
Ruhe und Geborgenheit aus. Der Lustgarten
beherbergt klassische Gartenelemente und
lässt Spuren der historischen Plantage erkennen. Der Landschaftsgarten mit seinem
Altbaumbestand, dem Seerosenteich, der
Grotte und den Rhododendren umspielt eine
alte Villa. Die Terrassengärten dienen als
Freizeit- und Gärtnereiflächen. Die Garten-
höfe der Pavillons enthalten „Felder der Sinne" für therapeutische Zwecke mit unterschiedlichen Körpern, Texturen und Pflanzen.
Der Falkenberg mit seinem alten Obstbaum-
bestand gewährt eine weite Sicht in die reizvolle Landschaft.

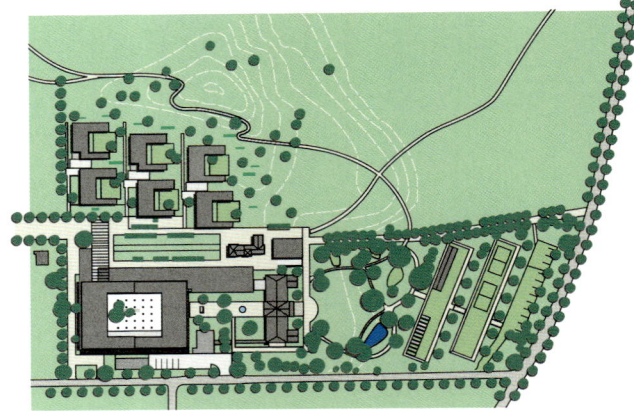

■ **Gardens and inner courtyards for
Hedwigshöhe Hospital, Berlin,
Germany, 2007**

On the outskirts of Berlin the new extension of the "Hedwigshöhe" hospital forms
the end point of the new "Garden City
Falkenberg". The "village green" is the start-
ing point for a walk through the hospital
grounds. A patio at the hospital entrance
exudes tranquillity and safety through
large expanses of gravel, different grasses
and stone objects. The pleasure garden
uses classical garden elements, revealing
traces of the historical plantations. With its
existing stock of mature trees, a lily pond,
a grotto and rhododendrons, the landscape
garden is laid out around the old villa.
Terraced gardens are used for recreation
and as a plant nursery. For the senses, the
courtyard gardens outside the pavilions include fields of different forms, textures and
plants for therapeutic purposes. Falkenberg, with its old fruit trees, offers a com-
manding view of the beautiful landscape.

Alt trifft Neu (rechts)
Old meets new (right)

136

Neuer Pavillon (oben)
New pavilion (top)

Landschaftsgarten (links)
Landscape garden (left)

MICHAEL KÜPPER

„Ich habe eine sehr schöne Freundschaft zu den Gartenarchitekten gefunden."

Michael Küpper, Projektsteuerer

Sitzmauer mit Holzauflage (oben)
Seating wall with timber coping (top)

Gartenhof mit „Feld der Sinne" (rechts)
Garden court and "field for the senses" (right)

arbeiten

Mit unseren Planungen von Freianlagen für Büro- und Gewerbegebäude heben wir im Sinne der Eigentümer oder Nutzer den repräsentativen Charakter, die Marke, den Stolz des Unternehmens auf die eigene Leistung hervor. Die Außenanlagen verschmelzen in ihrer Ästhetik mit der Architektur zu einem harmonischen Ganzen, indem sie technische, farbliche, strukturelle und grafische Elemente aufnehmen und fortschreiben. Somit wird ein wiedererkennbarer Ort, eine Adresse begründet und ein Beitrag zu einem positiven Betriebsklima und einer Identifikation mit dem Unternehmen geleistet. Unsere Freiräume schaffen eine gute Atmosphäre. Hier können Angestellte und Besucher sich problemlos orientieren, pausieren und sich neu inspirieren lassen. Die Wandlungsfähigkeit der Freiraumelemente dient einer schnellen und unkomplizierten Anpassung an neue Nutzer oder Eigentümer.

Our landscape designs for open spaces around offices and commercial developments emphasize the representative character, the brand and the pride of a company's accomplishments, and benefits both owners and users. By incorporating technical and graphic elements, colours and patterns the landscape combines with the aesthetics of the architecture into a harmonious whole. And as a consequence, we build memorable places, raise the profile, contribute to a good working environment and enhance identification with the company. Our landscape spaces create a good ambience. Staff and visitors can find their way around without difficulty, rest and be inspired. The versatility of the landscape elements makes it easy to adapt quickly and smoothly to new users and owners.

work

15

Natur in Bewegung
Nature in motion

■ Landschaftspark und Atrium für Umweltbundesamt, Dessau, Deutschland, 2005

Das Umweltbundesamt formiert sich zu einem schlaufenartigen Gebilde und entfaltet fantasievolle Räume nach Außen und Innen. Ökologische Erfordernisse und Bedürfnisse, wie die Nutzung oder Wiederverwendung von nachwachsenden Ressourcen zur Befriedigung technischer Belange des Gebäudes und der Außenanlagen, werden durch einzelne „Biozellen" versinnbildlicht. Diese Zellen inszenieren sich künstlerisch entlang der Promenade im Außenbereich als Insel der toten Hölzer, Felsenstumpf, Eibenstrudel, Wind- und Wettersteine und Benjesschlangen. Der überdachte Innenhof erscheint als künstliche Landschaft mit Wasser-, Spiegel- und Texturflächen sowie verschiedenen exotischen Gehölzen. Eine einprägsame Gestalt der genannten Elemente, deren ungewöhnliche Materialität und eine gezielte Pflanzenauswahl erschaffen eine Anlage, die von der Natur erobert und patiniert wird und das Dessau-Wörlitzer Gartenreich erweitert.

■ Landscape park and atrium at the Federal Environment Agency, Dessau, Germany, 2005

The Federal Environment Agency is designed in a loop-like arrangement unfurling into imaginative indoor rooms and outdoor spaces. Ecological requirements and needs such as the use or recycling of renewable resources to satisfy the technical demands of building and landscape are symbolised by single "bio cells". These cells are artistically presented in the form of islands of dead wood, yew whirls, wind and weather stones and hedgerow snakes along the promenade. The covered courtyard was designed as an artificial landscape with water, reflective and textured surfaces as well as several exotic trees and shrubs. The memorable form of the elements employed and their unusual materials, combined with the deliberate choice of plants, create a landscape that will be conquered and patinated by nature, and extend the Garden Kingdom of Dessau-Wörlitz.

Benjesschlange als Insektenhotel (rechts)
Benjes hedge as insect hotel (right)

146

Biotop mit Bruchsteinen (oben, links)
Rubble habitat (top, left)

Vogelniststelen (oben, rechts)
Nesting steles (top, right)

Wind- und Wettersteine (rechts)
Wind and weather stones (right)

„Zwischen den Fragen wächst das Gras,
wie gut das tut."

Michael Sellmann, Künstler

„Eine konstruktive, reibungslose Zusammenarbeit
mit den Landschaftsarchitekten ist bei so einem
komplexen Objekt besonders wichtig, damit das
Bauvorhaben auch ein Erfolg wird."

Michael Schindel, Technischer Leiter,
Georg Firsching, Geschäftsführer,
Firma Flöter Uszkureit, Landschaftsbau

„Gleich einer Erlebniswelt wandert und transformiert
sich die vielfältige Gestalt des Außenraums langsam
nach Innen und verbindet die zwei ,Räume'."

Juan Lucas Young, sauerbruch hutton, Architekt

Künstliche Landschaft im Atrium
Artificial landscape in the atrium

Neue Wege (oben, links)
New paths (top, left)

Leitstreifen für Sehbehinderte (oben, rechts)
Guide stripes for the visually impaired (top, right)

Texturenmischung (links)
Mix of textures (left)

16

Leuchtende Sonnen
Brilliant suns

■ **Höfe, Park- und Bewegungsflächen für Fabrik Solar Valley, Thalheim, Deutschland, 2007**

Zukunftsweisend wie die Solartechnik selbst ist das Konzept für die Außenanlagen der Solarfabrik, die sich immer mehr auf dem umliegenden Ackerland ausweitet. Parkplatzflächen, Anlieferungswege und der Erholung dienende Freiräume werden so flexibel gestaltet, dass sie ohne großen Aufwand auch in der Zukunft erweitert und umgestaltet werden können. Die Freiflächen orientieren sich in ihrer Ausrichtung an den Gebäuden. Schwarzer Asphalt ist die Grundlage für alle Erschließungsflächen. Kräftige Linien, Pfeile, Kreise und Punkte in Weiß, Rot und Gelb markieren auf dem Asphalt die Wege des Anlieferverkehrs, Gebäudezugänge und Feuerwehrstellplätze. Beim Suchen des eigenen Wagens auf der großen Parkplatzfläche helfen als Wegweiser unterschiedliche Baumarten und im Sommer Felder mit Raps, Getreide und Sonnenblumen, die weithin als Sinnbild für die uns Energie liefernde Sonne leuchten.

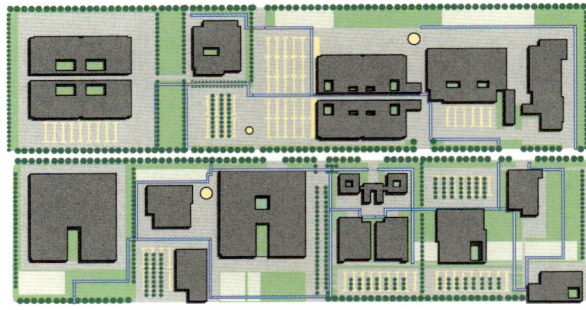

■ **Courtyard, park and movement spaces for the Solar Valley factory, Thalheim, Germany, 2007**

The landscape concept for the outdoor facilities of the solar factory – which continues to spread out across the surrounding fields – is as forward-looking as the solar technology itself. Spaces for car parks, deliveries and recreation are designed for flexibility, allowing for easy adaptability and any future extensions. The landscape was designed in conjunction with the buildings. Black asphalt was chosen to surface all circulation spaces. Strong lines, arrows, circles and dots in white, red and yellow mark the routes for deliveries, the way to the entrances and access for emergency services. Different tree species serve as signposts to help people locate their cars in the large car park. And in the summer, fields of rape, cereals and sunflowers shine like bright symbols of that provider of energy, the sun.

Wendekreis (rechts)
Turning circle (right)

„Eine glückliche Kombination aus moderner Industrie-
architektur und landschaftsplanerischem Gesamt-
konzept. – Ich wünschte, wir hätten mehr von dieser
Qualität in Europa."

Matthias Machule, Hierholzer Architekten BDA,
Projektleiter

Parkplatz mit Markierungen
Car park with markings

Vorplatz am Eingang (oben)
Forecourt at the entrance (top)

Poller und Sitzwürfel (links)
Bollards and seating cubes (left)

Innenhof mit Wasserbecken und Würfeln (oben)
Courtyard with water basin and cubes (top)

Pausenzeit im Innenhof (rechts)
Break time in the courtyard (right)

17

17

Überall Ovalis
Ovalis everywhere

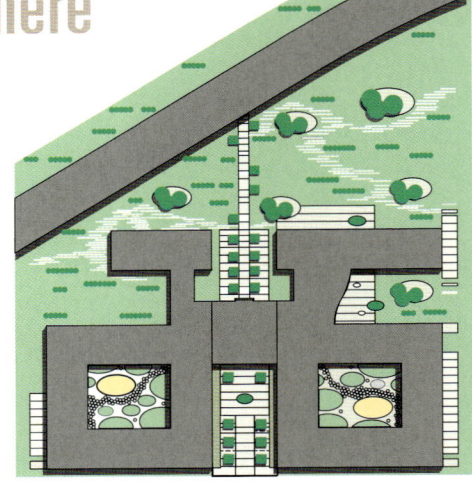

■ **Eingang und Landschaftspark für C & A-Zentrale, Düsseldorf, Deutschland, 2007**

Schlanke Kiefern bilden im Sommer wie im Winter in der Vorfahrt des Bürogebäudes das Spalier zum Hauptzugang und lenken den Blick auf eine ovale Natursteinskulptur. Im Zentrum des Ovals blühen und duften Lavendel und Riesenlauchstauden. Polierte, ovale Natursteine reflektieren das Tageslicht in die beiden bildhaft gestalteten Innenhöfe. Die geschmeidige Form des Ovals setzt sich in den auf Kies gebetteten Pflanzinseln fort. Die beiden Hofbilder unterscheiden sich durch ihre Farbigkeit und Art der Bepflanzung, wodurch eine leichtere Orientierung möglich wird. In Form geschnittene Taxusbäume geleiten aus dem Gebäude heraus in den hügeligen Landschaftspark. Ovale Baumhaine, die mit Stauden, Gräsern und Bodendeckern unterpflanzt sind, spenden im Sommer Schatten und lockern mit Reihen von Blühsträuchern den Blick zum Parkhaus auf. Ein Spazierweg durchzieht die Täler der Rasenwellen und inspiriert zu Bewegung und neuen Ideen.

■ **Entrance and landscape park for C & A headquarters, Düsseldorf, Germany, 2007**

Throughout the seasons slender pine trees form a guard of honour along the drive up to the entrance of the office building and direct the eye onto an oval stone sculpture. In its centre fragrant lavenders and alliums blossom. Polished oval stones reflect daylight from the sky into both inner courtyards. The smooth oval shape is continued to an island of planting within an area of gravel. The courtyards are designed with different colours and planting schemes to help orientation. Clipped Taxus trees lead people out of the building into the hilly landscape park. Oval groves of trees, underplanted with perennials, grasses and groundcover, offer shade in the summer. Along with rows of flowering shrubs they distract the eye from the multi-storey car park. A footpath leads through the valleys with their grass waves, inspiring movement and new ideas.

Ovale Insel (rechts)
Oval island (rights)

Weißer Innenhof (oben, links)
White courtyard (top, left)

Grauer Innenhof (oben, rechts)
Grey courtyard (top, right)

Kletterpflanzenskulptur (links)
Sculpture of climbing plants (left)

169

„Uns ist die neue C&A-Hauptverwaltung während der Planungs- und Bauzeit ans Herz gewachsen. Ich würde mich freuen, wenn die Menschen, die dort arbeiten, diesen Ort als ‚zweites Zuhause' empfinden."

Dirk Kollendt, nps tchoban voss, Architekt

„Was sich bislang noch eher zart-stängelig gegen die doch recht dominanten Baukörper durchzusetzen versucht, wird von Jahr zu Jahr kräftiger, wirksamer und sicher auch schöner werden."

Philipp Bauer, nps tchoban voss, Architekt

„In gemeinsamer Teamarbeit konnte eine Außengestaltung gefunden werden, die einen Maßstab für den Umgang mit den in der Nachbarschaft noch zu errichtenden Verwaltungsgebäuden setzt."

Stephan Lohre, nps tchoban voss, Architekt

„So ein außergewöhnlicher Park, in dem es Spaß macht, sich aufzuhalten, ist selten."

Thorsten Rolfes,
C & A Mode KG, Unternehmenskommunikation

Blick über Landschaftspark
View across the landscape park

Polierter Naturstein (oben)
Polished stone (top)

Spazierweg durch den Landschaftspark (links)
Path through the landscape park (left)

18

18 Einfach gestreift
Simply striped

■ **Eingangshof und Garten für Erweiterungsbau Landesarbeitsamt, Berlin, Deutschland, 2006**

Das schmale Grundstück für den Erweiterungsneubau des Landesarbeitsamtes bietet wenig Außenraum, muss aber einer Vielzahl von Anforderungen gerecht werden. Die Besucher sollen sich schnell zurechtfinden; die Feuerwehr braucht eine entsprechende Zufahrt; die Bediensteten benötigen einen Pausengarten. Es wurde ein Streifendesign gewählt, welches das gesamte Grundstück überzieht, wobei sich der steinerne Streifen insbesondere vor den roten Besucherzentren verbreitert. Im Hof übernehmen Sitzbänke und Buxuskästen neben der Sitz- und Zierfunktion den Anfahrschutz für die Feuerwehr. Im Rücken des Gebäudes spenden im grünen Gartenstreifen die Kronen der „Felsenbirne" den Angestellten Schatten. Rote und grüne Streifen wechseln farbenfroh einander ab.

■ **Entrance area and gardens for the extension of the regional employment office, Berlin, Germany, 2006**

The narrow site for the regional employment office extension leaves little room for the landscape, while at the same time having to satisfy numerous constraints: visitors must find it easy to get their bearings, the fire brigade need to have access; the staff need an outdoor area for their lunch break. The design proposes stripes extending all the way across the site, with a strip of stone paving visually widening mainly in front of the red visitors' centres. The courtyard is equipped with benches to provide seating and Buxus planters for decoration; both protect the façade from approaching fire vehicles. At the rear of the building the canopies of Amelanchier cast shade across the green garden strip for the staff. Colourful red and green stripes alternate.

Innenhof mit Streifen (rechts)
Courtyard with stripes (right)

Dachbegrünung in Streifen (oben, links)
Green roof in stripes (top, left)

Sitzbank mit Buxuskasten (oben, rechts)
Bench with boxwood planters (top, right)

Eingang Besucherzentrum (links)
Entrance to visitors' centre (left)

Gartenstreifen, drei Ansichten (oben)
Garden stripes, three views (top)

Einbettung im Stadtraum (rechts)
Integration into the urban fabric (right)

Pausengarten (S. 182/183)
Gardens for a short break (pp. 182/183)

19

19

Wolken über Bambus
Clouds above bamboo

■ **Felslandschaft für Nationalversamm-**
lungsgebäude, Hanoi, Vietnam, 2003

Eine sinnlich anmutende Landschaft aus
Kalkstein mit unterschiedlichen Höhenreliefs
umfließt die neuen Gebäude der Nationalver-
sammlung, die wie zwei erhabene Felsen über
der Landschaft thronen. Darüber spannt sich
ein wolkenartig schwebendes Glasdach, das
filigran auf wohlgeordneten Stützen lagert,
die an einen lichtdurchfluteten Bambuswald
erinnern. Die variierenden Geländehöhen
ermöglichen einen dynamischen Wechsel
von Perspektiven auf umliegende historische Strukturen. Heimische Bäume gruppieren sich auf dem gesamten Territorium nach
den Feng-Shui-Prinzipien. Die Verbindung
von westlicher Perfektion mit dem Reich-
tum asiatischer Weisheit und Gestaltungs-
kunst schafft ein sinnliches Gleichgewicht
zwischen ernsthafter Würde und lebendiger
Heiterkeit.

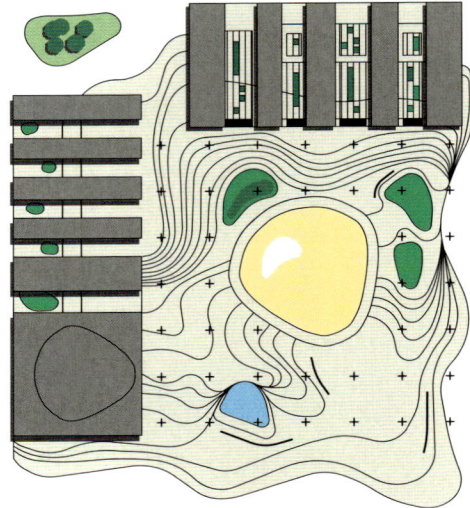

■ **Landscape for the National Assembly,**
Hanoi, Vietnam, 2003

The sensuous landscape of limestone is
modelled at different heights and flows
around the new buildings of the National
Assembly. They rise majestically out of the
scenery like two rocks. Above them a cloud-
like, floating, filigree glass roof is supported
on neatly arranged columns, evocative
of a bamboo forest awash with light. The
variation in ground levels allows dynamic
changes in perspective to the surrounding
historical structures. Groups of native trees
are arranged across the whole site according to feng shui principles. The combination
of Western perfection with the wealth of
Asian wisdom and the art of design creates
a sensuous balance between solemn dig-
nity and high spirits.

Glasdach auf Stützen (rechts)
Glass roof on columns (right)

20

20 Materialmix in Bahnen
Material mix in lanes

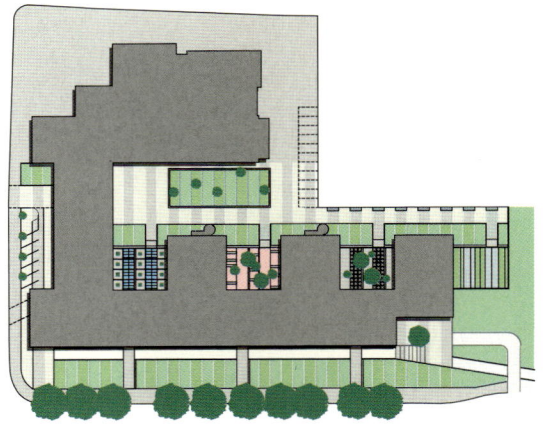

■ **Vorgärten und Innenhöfe für
Haus Rheinlanddamm, Dortmund,
Deutschland, 2003**

Ein Teppich aus Pflanzen- und Materialbändern bettet den Neubau einer Versicherungsgesellschaft ein. Die Zugänge am Rheinlanddamm zu den einzelnen Bürotrakten greifen die Themen der jeweils mit unterschiedlichen Materialien und Pflanzen gestalteten Innenhöfe auf. Damit wird die Orientierung erleichtert und für eine zukünftige Vermarktung des Gebäudes in Einzelteilen vorgesorgt. Jeder Innenhof erhält sein für die Besucher und die Nutzer unverwechselbares Aussehen durch spezifische Materialkompositionen. Sorgfältig ausgewählte, prägnante Stauden und Gehölze gehen eine Verbindung mit jeweils einem Material – Eisen, Holz, Stein, Gras – ein. Das Teppichmotiv setzt sich im Wirtschaftshof als hell- und dunkelgraue Pflasterbahnen fort.

■ **Front gardens and courtyards for
Haus Rheinlanddamm, Dortmund,
Germany, 2003**

The new insurance company building is embedded in a carpet of plants and bands of materials. The entrance areas to the separate office wings along Rheinlanddamm set the themes for the courtyards, all being designed with different materials and planting. This helps orientation and facilitates the division of the building into separate sections for possible future marketing options. Each of the courtyards has a distinct appearance and material composition which makes them easy to distinguish for visitors and users. A careful selection of characteristic perennials and shrubs enters into a dialogue with each of several materials – iron – wood – stone – grass. The carpet motif is continued into the maintenance yard with bands of light and dark grey paving.

Felsenbirnen auf Gräserstreifen (rechts)
Amelanchier in bands of grass (right)

„Die Außenanlagen sorgen mit ihrer differenzierten Behandlung von Eingangsbereichen und Höfen innerhalb der strengen Gebäudestruktur für Identität und Individualisierung."

Jürgen Friedemann,
KSP Engel und Zimmermann Architekten,
Geschäftsführer

„Hervorragend. Wir sind sehr zufrieden damit, wie sich Architektur und Landschaftsarchitektur ergänzen. Der Blick in die Höfe ist immer wieder inspirierend."

Jörn H. Stegen, Architekt

Teppich aus Baumstämmen
Carpet of tree trunks

Materialmischungen (rechts)
Mix of materials (right)

Buxuskugeln auf Kiesfläche (links)
Boxwood balls in gravel (left)

Licht und Schatten
Light and shade

■ **Vorfeld für Hauptverwaltung Süddeutscher Verlag, München, Deutschland, 2008**

Vis-à-vis des Druckerei-Gebäudes des Süddeutschen Verlages entstand ein repräsentatives Gebäude für die Hauptzentrale des Verlages, so dass Druckerei und Verlag örtlich zusammenwachsen. Die gestaffelte Raumfolge von verschiedenartigen Heckenkörpern verleiht dem Vorplatz des Gebäudes eine unverwechselbare Ausstrahlung. Der auch als Vorfahrt dienende Patz läuft terrassenförmig zur Hultschiner Straße hin aus. Die Oberfläche des Platzes zitiert das Fassadenmuster des Gebäudes. Unterschiedlich geneigte Fassadenplatten erzeugen bei wechselnden Lichtverhältnissen ein interessantes Schattenspiel. Dieser Wechsel wird durch die unterschiedliche Neigung der Bodenplatten auf die Ebene übertragen. Die Außenanlagen des neuen Gebäudes integrieren sich in das Biotop auf ehemaligen Gleisanlagen mit wild wachsenden Bäumen und Sträuchern. Dachplatanen stellen den Übergang zum Biotop her.

■ **Forecourt at the headquarters of Süddeutscher Verlag, Munich, Germany, 2008**

Opposite the printing plant of the Süddeutscher Verlag publishing house a new representative headquarters building was erected with the aim of uniting production and offices in one place. The staggered sequence of spaces enclosed by different types of hedges lends the forecourt a distinctive appearance. The space is terraced down to Hultschiner Straße and also serves as the drive. The surface of the square repeats the pattern of the building elevation. The façade panels are set at different angles to create an interesting play of light and shade. This change is repeated on the ground plane through the varying incline of paving slabs. The landscape around the new building is integrated into the ecosystem of the former railway sidings with a natural cover of trees and shrubs. Pleached plane trees form the link to the nature area.

Fassade am Vorplatz (rechts)
Elevation facing forecourt (right)

„Die jahrelange Bemusterung und Auswahl der Natur-
steine hat sich sichtbar gelohnt. Besonders das
Zusammenspiel der Innen- und Außenbeläge in
Kombination mit der gläsernen Fassade beeindruckt."

Florian Geyer, Berliner Steincontor GmbH

„Einfach ein sehr schönes Projekt, an das ich gerne
zurückdenken werde."

Claudia Cordt, CBP Generalplanung GmbH

„I hab gar net gwusst, dass die jetzt a Granit verlegen."

Johannes Herrschmann, Passant

Terrassierter Vorplatz
Terraced forecourt

ARDUIN BALASUS

TILMAN RICHTER VON SENFFT

KATHARINA VON EHREN

„Besonders gespannt bin ich auf die Stimmung des Vorplatzes, der mit einer langen Sitzbank zum Verweilen einlädt."

Arduin Balasus, Süddeutscher Verlag, Technisches Gebäudemanagement

„Das Projekt ‚Süddeutscher Verlag' ist heute für mich wie ein Kind, das in Kürze volljährig wird. Die Kontrolle hört auf. Vieles haben wir mitgeben können."

Tilman Richter von Senfft, GKK + Architekten, Projektleiter

„Ich wünsche dem Büro ST raum a., dass die Pflege der Anlage dem hohen Standard des Entwurfes gerecht wird!"

Katharina von Ehren, Inhaberin und Geschäftsführerin, Pflanzenhandel Lorenz von Ehren GmbH & Co. KG

Formate im Einklang (rechts)
Harmonious dimensions (right)

Gestaffelte Heckenkörper (S. 204/205)
Staggered hedges (pp. 204/205)

Übergang ins Biotop
Transition zone to habitat

22

22

Grüner Hof
Green court

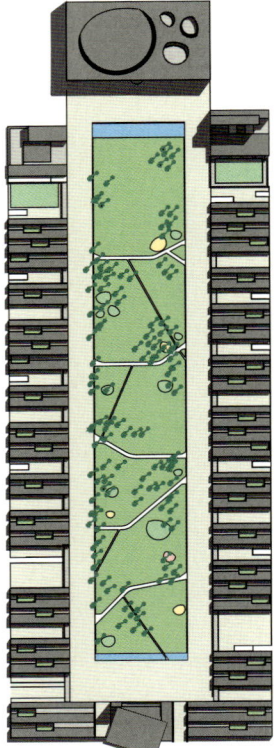

■ Innenhof für Tripoli Greens Conference Complex, Tripolis, Libyen, 2007

Der Quad – ein Gebäude-Vierling im neuen Regierungsviertel wird von einem üppigen Landschaftspark umrahmt und umfasst im Inneren den „Grünen Hof". Der Hof steigt topografisch zum Parlamentsgebäude hin an. Auf der gegenüberliegenden Seite spiegelt sich die Moschee in einem großen Wasserbecken, das von Wasserkaskaden gespeist wird. Seitlich fassen die Ministerien mit ihren Gärten und Patios den Grünen Hof ein. Diese Gärten thematisieren landschaftliche Besonderheiten Libyens wie Steinfelder und Kakteenformationen. Der „Grüne Hof" selbst schöpft seine Prägnanz und Ausstrahlung aus den majestätischen Dattelpalmen und Paradiesgärten mit orientalischen Rosenbeeten, Pergolen, Sitzflächen und Wasserbecken. Von der Terrasse des Parlamentsgebäudes aus eröffnet sich ein weiter Blick über die Wüste.

■ Courtyard at the Tripoli Greens Conference Complex, Tripoli, Libya, 2007

The Quad – a building quadruple in the new government district is surrounded by a generous landscape park including the green court. The topography of the courtyard rises towards the parliament building. The mosque opposite is reflected in a large water feature which is fed by the cascades. The "green court" is flanked by the ministries, their court gardens and patios. These gardens are themed on the landscape characteristics of Libya: stone fields and cacti formations. The "green court" derives its distinctiveness and appeal from the majestic date palms and the paradise gardens comprising oriental rose beds, pergolas, seating areas and pools. The terrace of the parliament building offers extensive views across the desert.

Blick über Grünen Hof (rechts)
View across the green court (right)

23

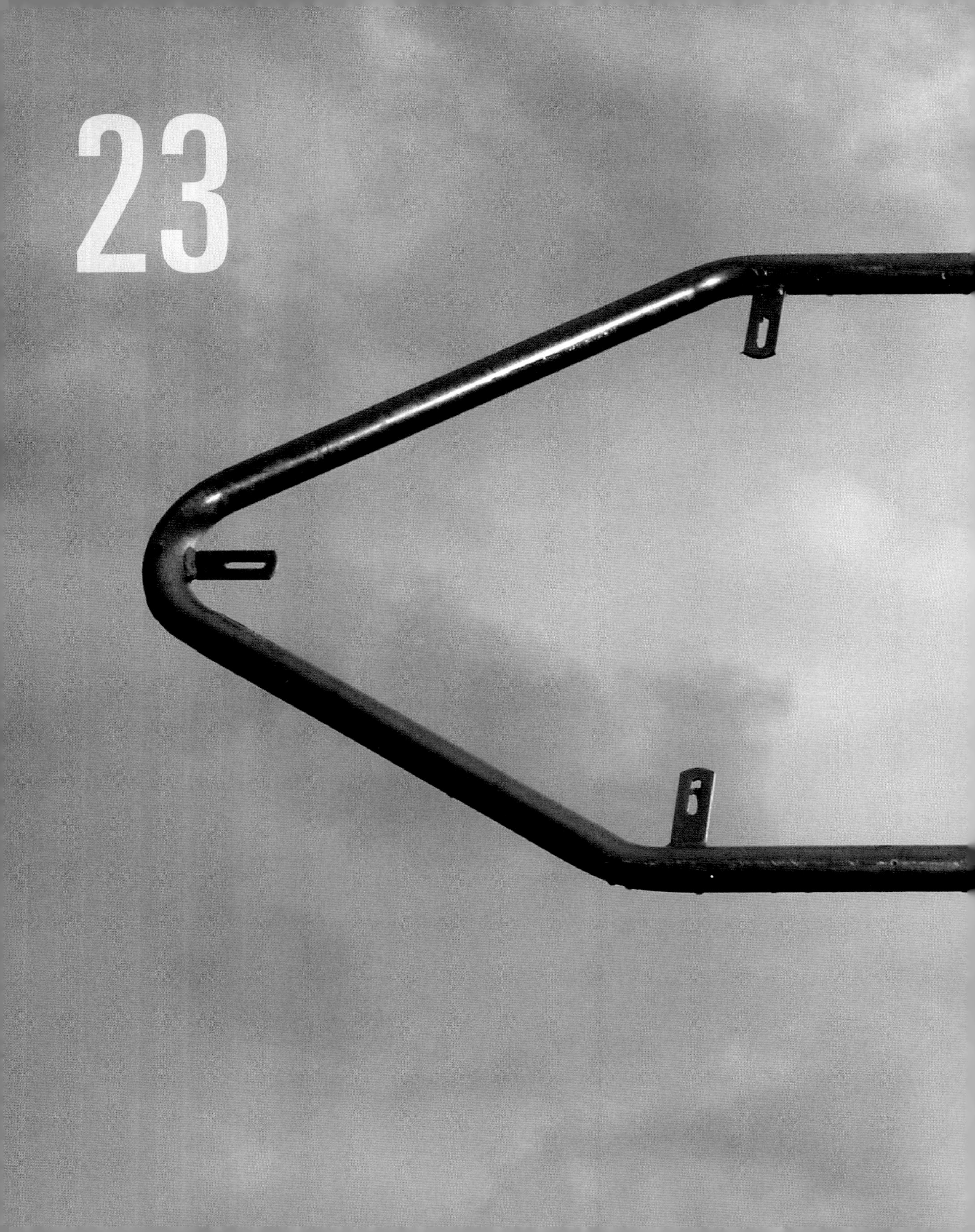

Wegweiser in die Zukunft
Signpost for the future

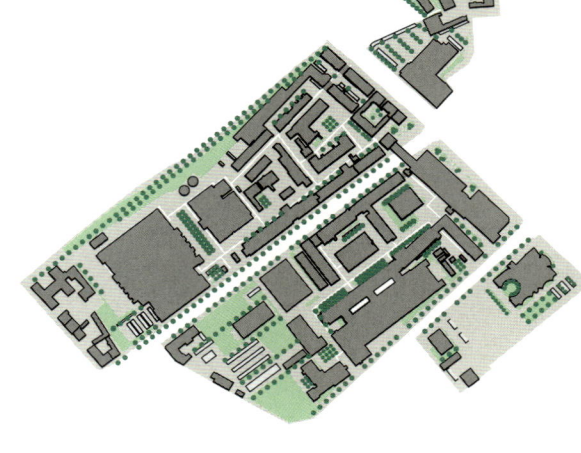

■ **Masterplan und Umgestaltung des Geländes von Bayer Schering Pharma AG, Berlin, Deutschland, 2010**

Das Bayer-Schering-Pharma-Gelände war eine im Laufe der Zeit entstandene Collage verschiedenster Architekturen und Freiräume. Durch Umstrukturierungen gingen Funktionszusammenhänge zwischen einzelnen Teilen verloren. Somit litten sowohl die Identität des Ortes als auch die Repräsentanz des Unternehmens. Ein Masterplan für die Außenanlagen konnte Abhilfe schaffen und als Instrument für eine nachhaltige Entwicklung der Freianlagen dienen. Zunächst erfolgte die Erfassung und Darstellung aller Freiräume, wobei die wesentlichen Elemente analysiert und in einen neuen Gesamtzusammenhang gebracht wurden. Daraus entstand ein Handbuch, das den Rahmen für kommende Umgestaltungen festlegt. Dieses Handbuch gibt Materialien, Gestaltungsprinzipien und Funktionsweisen vor. Mit der praktischen Umsetzung wurde bereits begonnen. So wird für die Zukunft ein einheitliches, repräsentatives und zeitloses Erscheinungsbild der Bayer Schering Pharma AG gesichert.

■ **Master plan and redesign at Bayer Schering Pharma AG, Berlin, Germany, 2010**

The Bayer Schering Pharma site was a hotchpotch of different architectural styles and open spaces which had evolved over time. Some functional links between different parts of the plant were lost through restructuring measures. Consequently, the identity of the place and its representative qualities for the company suffered. The landscape master plan put things right and served as a tool for the sustainable development of the grounds. Initially, a survey of all spaces was conducted, the essential elements analysed and then assessed in a new overall context. Based on this information a design guide was produced as a framework for future redevelopments. This manual specifies materials, design principles and the modes of operation. Practical implementation has already started. The consistent, representative and timeless appearance of Bayer Schering Pharma AG has been secured.

Bodenmarkierung (rechts)
Surface markings (right)

Parkplatz mit Ginkgobäumen
Car park with ginkgo trees

„Mit einem schlagkräftigen Team konnten wir schon erste Akzente in der Außengestaltung am Standort Berlin setzen."

Heike Voigt, Bayer Schering Pharma AG,
Flächenmanagement

„Als gelegentlicher Benutzer/Betrachter des Parkhauses bin ich von der dominanten klaren Linienführung begeistert."

Rainer Gröning, Franz Wickel Straßenbau GmbH

„Obwohl es sich hier um ein eigentlich etwas dröges Objekt, Parkhaus aus den 1970er-Jahren, handelt, zeigen sie [ST raum a.] eine schlichte und elegante Lösung, die dennoch pfiffig und innovativ ist."

Sabine Middendorf, Dipl.-Ing.,
Fachhochschule für Technik und Wirtschaft Berlin

„Klasse Entwürfe und die kostenoptimierte Umsetzung unter Berücksichtigung bestehender Elemente werden uns weiterhin das ‚Wohlwollen' und die entsprechende Unterstützung unserer HierachInnen sichern."

Wilfried Krause, Bayer Schering Pharma AG,
Facility Management

„Ich denke, dass die neu gestalteten Außenanlagen der Bayer Schering AG auch noch nach Jahren der Nutzung ein Hingucker sind."

Andreas Beine, Hess AG Form + Licht,
Gebietsvertretung Berlin

Pflanzrahmen (oben)
Planting frame (top)

Am Parkhaus (links)
Multi-storey car park (left)

219

24

24 High Speed Park
High-speed park

High-speed park

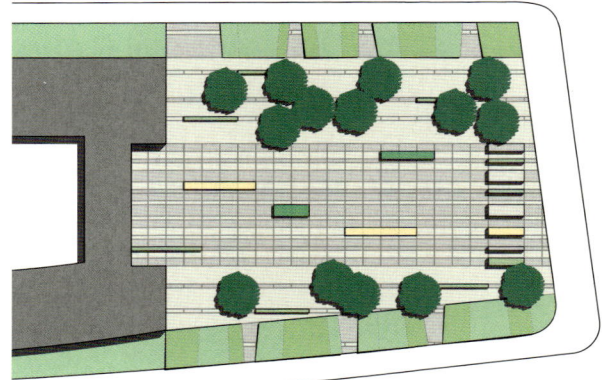

■ **Vorplatz für Geschäftshaus**
Theodor-Heuss-Allee, Frankfurt/Main,
Deutschland, 2003

Der Platz am neuen Verwaltungsgebäude re-
agiert auf die Situation des Ortes, die geprägt
ist durch Lautstärke und Schnelligkeit des
fließenden Verkehrs. So setzen sich die lineare
Gliederung des neuen Hochhauses und der
beidseitig flankierenden Fahrbahnen in einer
leicht abgesenkten, direkt aus dem Gebäude
sich herausschiebenden Platzfläche fort, die
sich in einzelne Bänder gliedert. Diese Bänder bestehen aus unterschiedlich gefärbten,
großformatigen Bodenplatten, die ihren dynamischen Abschluss auf der dem Gebäude
gegenüberliegenden Seite in Form von verti-
kalen Steinscheiben, Lichtwänden und kom-
pakten Pflanzkörpern finden. Die seitliche
Begrenzung des Platzes erfolgt durch ausge-
dehnte Kiesflächen, auf denen große Ginkgo-
bäume Schatten spenden. Vertieft wird der
Eindruck von Geschwindigkeit und Dynamik
besonders durch die Wahl der Elemente im
Platzinnenraum. Kunstrasentableaus, orange Sitzsteine und Lichträume folgen der Line-
arität des Gebäudes und des umgebenden
Straßenbildes.

■ **Forecourt for an office building on**
Theodor Heuss Allee, Frankfurt/Main,
Germany, 2003

The square outside the new administration building responds to the specific location of the site, characterised by speed and
noise from moving traffic. And so the linear
structure of the new high-rise elevation
and the traffic lanes on both sides of the office building are extended into the slightly
sunken plane. The square pushes out from
the building in a pattern of bands which are
made up of different coloured, large paving
slabs that terminate on the opposite side of
the space in dynamic vertical stone slabs,
light walls and compact planted elements.
The boundaries on either side are defined
by expanses of gravel, onto which large
ginkgos cast their shade. The impression of
speed and dynamics is reinforced through
the choice of elements on the square. The
tableaux of artificial turf, orange stone
seats and light rooms follow the linearity of
the building and of the surrounding street
pattern.

Bänder mit Licht- und Pflanzkörpern (rechts)
Bands of light and planted elements (right)

„Ich hoffe, dass euer Part schnell aus dem ‚frisch ge-
pflanzten' herauswächst und sein selbsverständliches
schönes Gewicht neben dem Haus bekommt."

Georg Gewers, Gewers Kühn und Kühn Architekten,
Geschäftsführer

„Architektur – wie auch Landschaftsarchitektur – ist
Ausdruck von Kreativität, von der Leidenschaft an
der Gestaltung. ST raum a. hat das alles und nicht nur
deshalb macht ein Projekt mit ihnen auch Spaß."

Marcus Brettel, Dreyer Brettel & Kollegen,
Management GmbH

Platz mit Sitzkörpern
Square with seating

Sitzsteine und Papierkorb (oben)
Stone seats and waste bin (top)

Rasensitztableau (links)
Turf tableau (left)

wohnen

Wir kümmern uns um neue Wohnanlagen, die Verbesserung des Wohnumfeldes von Plattenbauten, Villen und Residenzen. Unsere Außenanlagen für Wohngebäude kennzeichnet ein hohes Maß an Flexibilität, um dem ständigen Wechsel und Wandel der Bewohnerstrukturen gerecht zu werden. Modulare Freiraumelemente übernehmen je nach Bedarf unterschiedliche Funktionen oder sind austausch- und erweiterbar. Für den jeweiligen Ort speziell ausgewählte Pflanzen und Materialien, die im Laufe der Zeit ihre volle Schönheit entfalten, unterstreichen die Einmaligkeit des Ortes. Wir schaffen Räume, die zum einen das Gefühl des Zuhauseseins und des Wohlbefindens stärken und zum anderen zur Bildung von Gemeinschaften beitragen.

We pay close attention to new residential areas and to improving existing housing environments of large estates, villas and residences. Our landscapes for homes are characterised by great flexibility in order to accommodate the constant fluctuation and change in the profile of residents. Responding to current needs, modular landscape elements take on different functions, are exchangeable and extendable. Plants and materials are chosen specifically for each site; with time they unfurl their beauty and reinforce the uniqueness of the place. We create spaces which encourage a sense of home and well-being and contribute to building communities.

reside

25

Licht in der Geborgenheit
Light and security

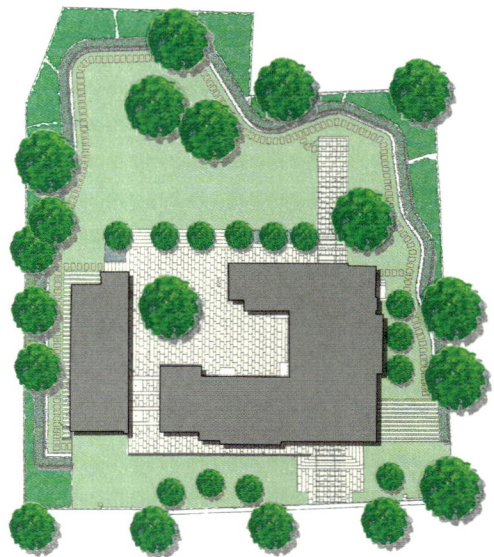

■ **Garten für Norwegische Residenz,
Berlin, Deutschland, 1999**

Die Residenz spiegelt in der Gestaltung der Außenbereiche die grundlegende norwegische Haltung zu Natur und Licht wider. So steht zum einen die Bildung von Innenhöfen mit schützenden Wänden und überdachten Gängen im Mittelpunkt. Um dem Bedürfnis nach Licht und Sonne gerecht zu werden, wurden zum anderen Laubbäume auf dem ursprünglich dicht bewachsenen Grundstück gefällt. Von Luftigkeit und Helligkeit ist die aus norwegischem Granit befestigte Terrasse durchdrungen. Ein dichter, abwechslungsreich blühender Vegetationsgürtel wächst in schützender Manier an den Grundstücksgrenzen. Den Kontrast, der dem Wunsch nach lichtdurchfluteter Offenheit und diskreter Geborgenheit innewohnt, verdeutlichen die das Haus fiktiv durchfließenden Pergolen im Außenbereich, an denen sich Jelängerjelieber und wilder Wein empor ranken. Das Licht flirrt zaghaft in die geschützten Zonen der Residenz.

■ **Garden at the Norwegian Residence,
Berlin, Germany, 1999**

The landscape design at the residence reflects the Norwegian approach to nature and light. And so the main focus of the scheme is on inner courtyards surrounded by protecting walls and covered walkways on the one hand, and the need for light and sunshine on the other. This was achieved by thinning the dense cover of deciduous trees on the site. The terrace built from Norwegian granite is steeped in light and air. A dense and varied belt of flowering shrubs protects the boundaries of the property. The conflict inherent in the wish for light and openness and discrete security has been clearly achieved in the pergola in the garden. Covered with honeysuckle and Virginia creeper, it seems to almost flow through the building. Light shimmers tentatively into the protected zones of the residence.

Granitstufen zum Garten (rechts)
Granite steps to garden (right)

„Intimes Interieur mit starken, einschließenden
Wänden, überdachte Gänge und Pergolen, das Spiel
mit dem Licht — die Dunkelheit des Winters,
die extreme Helligkeit des Sommers in Norwegen."

Markus Bauer, Martin Wahl, Wahl und Bauer Architekten

Terrasse und Garten (oben)
Patio and garden (top)

Schichtmauer (links)
Dry stone wall (left)

26

Der Teppich von Grünwald
The Grünwald carpet

■ **Passagen und Plätze für Wohnquartier Grünwald, Plateau de Kirchberg, Luxemburg, 2008**

Für das neue Quartier wird ein „Teppich gewebt". Dieser Teppich erweitert den Wohnraum jedes Einzelnen zum gemeinschaftlichen Wohn- und Erlebnisraum in Form von Passagen und Plätzen. Da insbesondere die Stadt Luxemburg für das Zusammenwachsen Europas steht, wurde ein typisch europäisches Teppichmuster gewählt, in dem sich geometrische Ornamente mit floralen Mustern überlagern. Die geometrische Ebene bilden große Betonplatten, deren rechteckige Form auf die städtebauliche Figur der Gebäude Bezug nimmt. Diese Platten werden von einer sinnlichen Ebene durchbrochen. Blühende und Früchte tragende Bäume und Sträucher locken die Bewohner in den Außenraum. Hier können die Jahreszeiten erlebt und gefühlt, Vögel beobachtet und Früchte geerntet werden. Eine dritte Ebene, die sich auf die Plätze bezieht, regt zum Kommunizieren, zum Erholen und zum Bewegen an. Kernelemente eines Platzes sind jeweils ein langer Tisch und lange Sitzbänke, an denen die Bewohner ihren Feierabend genießen oder gemeinsam spielen können.

■ **Urban spaces for the residential area Grünwald, Plateau de Kirchberg, Luxembourg, 2008**

A "carpet" is being woven across the new neighbourhood. This carpet extends each resident's living space by providing shared community space – in the form of passageways and squares. Since the city of Luxembourg symbolises Europe's coalescence, a typically European pattern was chosen consisting of geometrical ornaments overlaid on a floral arrangement. The geometric layer is composed of large concrete slabs whose rectangular shape makes reference to the buildings' layout. These slabs are broken up by a sensuous layer. Flowering and fruiting trees and shrubs lure residents outdoors. This is a space in which to experience and feel the seasons, to watch birds and harvest fruit. A third layer relates specifically to the squares; it stimulates communication, leisure and movement. The core elements in each square are a long table with long benches at which residents can to enjoy their evenings and play together.

Florale und ornamentale Platzkomposition (oben, rechts)
Floral and ornamental composition (top, right)

Passage zwischen Wohnhäusern (unten, rechts)
Passageway between residential buildings (bottom, right)

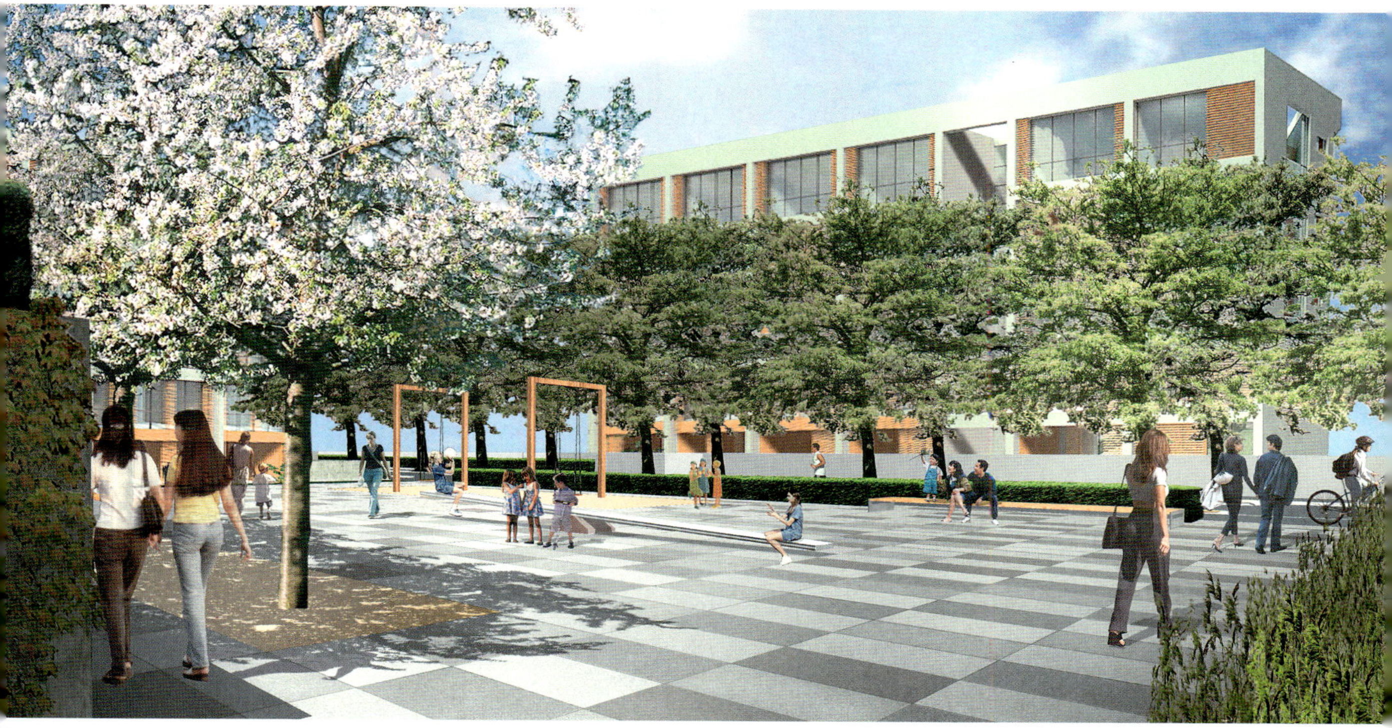

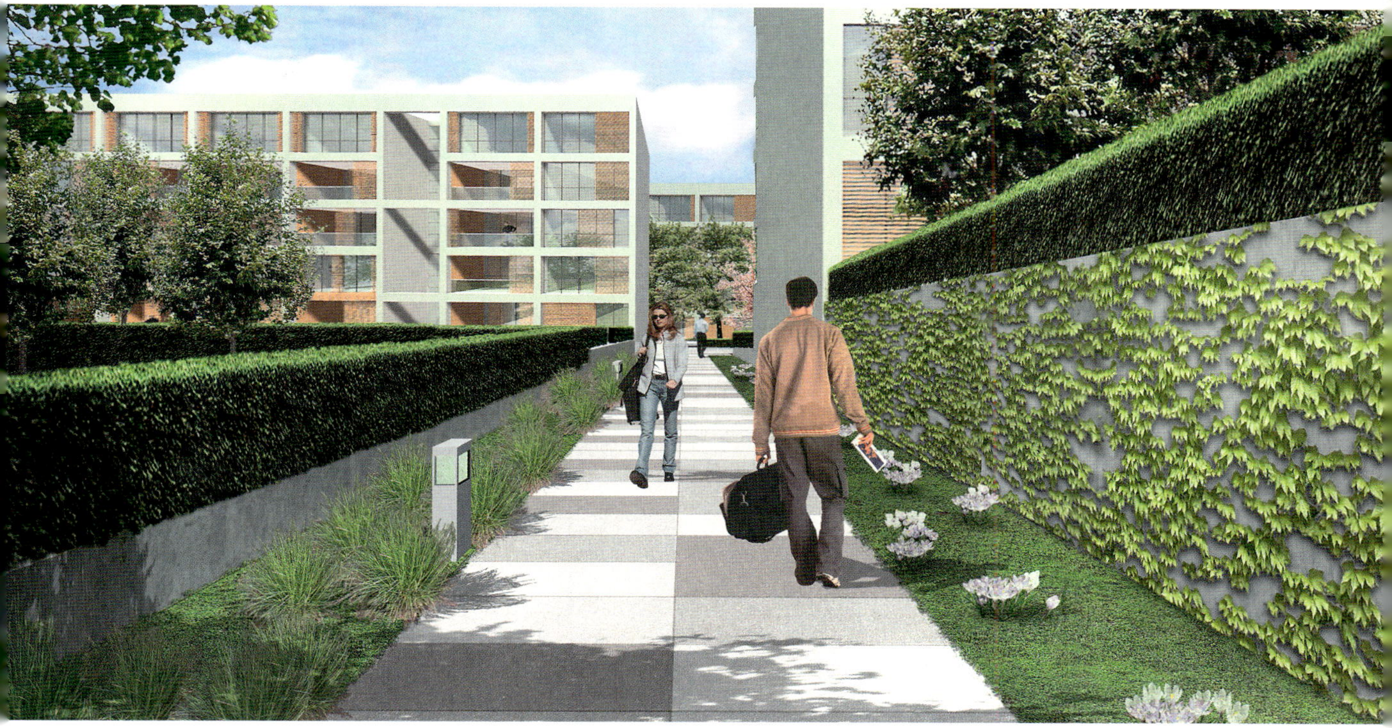

27

Wald im Garten
Woodland in the garden

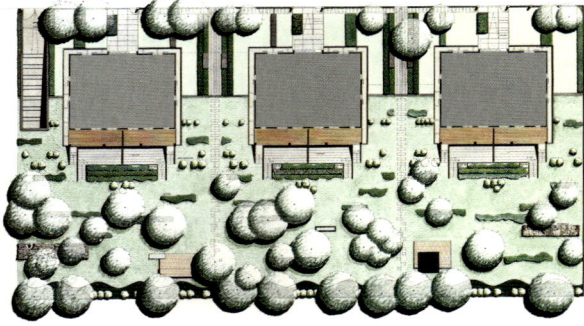

■ **Vorgarten und Garten für Residenz Brahmsstraße, Berlin, Deutschland, 2000**

Das Grundstück in der Nähe des Schlosshotels Vier Jahreszeiten war ursprünglich dicht bewaldet. Um Duft, Licht und Schatten des Waldes zu erhalten, wurden behutsam Baumfällungen vorgenommen. Der Waldgarten im Rücken der drei neuen Stadtvillen ist für alle Bewohner zugänglich und frei nutzbar. Er wirkt mit seiner Wiese weich und offen und mit seinen hohen Bäumen sehr natürlich. Typische Gartenelemente wie eine Holzterrasse, eine Vogeltränke und eine Pergola stellen die Verbindung zu den klar strukturierten Gartenteilen in Gebäudenähe her. Die Souterrainwohnungen erhielten Pflanzterrassen, die die Intimität wahren. Am Übergang der privaten Vorgärten zum Waldgarten liegt eine lang gestreckte Gartenschwelle. Die Vorgärten wurden in einer einheitlichen Struktur, gestaltet. Müllboxen mit „Mini-Dachgärten", Pflanzbeete und Wege fügen sich jeweils zu einem Ensemble.

■ **Front gardens and gardens for the Brahmsstraße Residence, Berlin, Germany, 2000**

The property near the Schlosshotel Vier Jahreszeiten was originally covered in dense woodland. To retain the light, shade and scent of woodland some careful felling was carried out. The woodland garden behind these three new town houses is accessible to all residents and there to be used. The meadow makes it appear mellow and open and its tall trees very natural. Typical garden elements such as a timber deck, bird bath and pergola create a link with the structured parts of the garden around the buildings. The basement flats have planted terraces, which offer intimacy. An elongated garden sleeper marks the threshold between the private front gardens and the woodland area. The front gardens have been designed as one unified layout. Refuse containers with "mini roof gardens", planting beds and paths are combined to each form a separate ensemble.

Waldgarten (rechts)
Woodland garden (right)

„Damals war ich traurig, dass so viele Bäume sterben mussten. Dafür ist ein schöner Garten entstanden."

Fiona Zühlke, Schülerin

„Eine anspruchsvolle, moderne Gartengestaltung im oberen Segment."

Bernd-Ullrich Lippert, BelParc Garten- und Landschaftsbau GmbH

„Schade, dass auf Wunsch der Anwohner die Wildwiese in einen glatten Rasen verwandelt wurde."

Fred Ulrich, Wilhelm Droste & Co. KG

Buddelkasten und Vogeltränke
Sand pit and bird bath

Vorgarten (oben, links)
Front garden (top, left)

Müllboxen mit
„Mini-Dachgärten" (oben, Mitte)
**Refuse containers with
"mini roof gardens" (top, middle)**

Pflanzterrassen (oben, rechts)
Planted patio (top, right)

Gartenschwelle (rechts)
Garden threshold (right)

28

1326 Gärten
1326 gardens

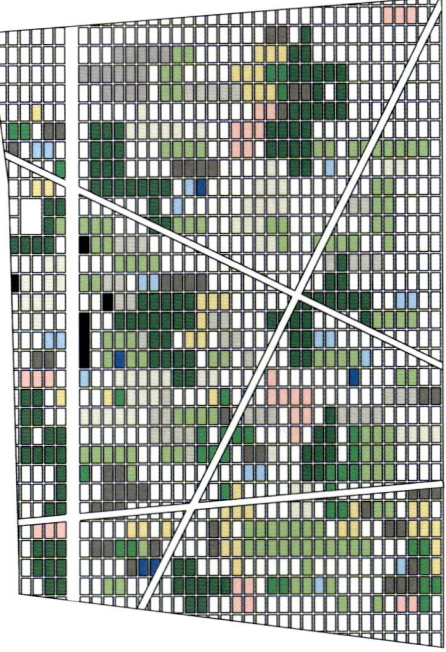

■ **Friedhof Heidenstücker, Karlsruhe, Deutschland, 1998**

Friedhöfe sollten mehr in das Leben der Gesellschaft eingebunden werden und somit ein Gefühl für Zeit und Vergänglichkeit vermitteln. So dient der Entwurf für einen „neuen Friedhof" eher den Lebenden, die in Beziehung zu den Toten stehen wollen. Innerhalb einer Landschaft entsteht ein vielfältiges Angebot an Grabfeldern, welche die ehemaligen Vorlieben, Interessen und Leidenschaften der Toten in der Gestaltung aufzugreifen versuchen. Fußball- und Blumenfelder liegen dicht beieinander. Die endgültige Form des Friedhofes und die Gestaltung der einzelnen Gärten werden durch die Menschen im Laufe der Zeit entsprechend ihrer sich wandelnden Interessen und Neigungen selbst bestimmt. Der Tod ist nicht das Ende ... Langfristig wird ein Ort mit 1326 Gärten entstehen.

■ **Heidenstücker Cemetery, Karlsruhe, Germany, 1998**

Cemeteries should play a bigger part in society and convey a sense of life and transience. This design for a "new cemetery" is for the living who want to maintain a connection to the dead. The landscape accommodates a diverse range of graves, designed to visually represent the interests, passions and hobbies the dead had during their lifetime. Football pitches and fields of flowers lie side by side. The final shape of the cemetery and the design of its individual gardens will be determined over the years by the people, depending on their changing interests and dispositions. Death is not the end ... In the long run a place with 1,326 gardens will be created.

Grabfelder (rechts)
Graveyard (right)

Schwarz und Weiß
Black and white

■ **Wohnumfeldverbesserung Biesenbrower Straße und Welsestraße, Berlin, Deutschland, 1998**

Innerhalb eines großen Wohnblocks liegen zwei Gartenfelder, die durch ihre Gegensätzlichkeit einprägsame Bilder erzeugen. Hochstämmige Kiefern markieren den „schwarzen Hof", Birken mit leuchtend weißen Stämmen den „weißen Hof". Innerhalb eines festen Rahmens entstehen, einem Baukastenprinzip ähnlich, Gartenräume in modularer Bauweise, die sich den im Laufe der Jahre wandelnden Verhaltensstrukturen der Bewohner anpassen lassen. Die Module sind flexibel, veränder-, erweiter- und reduzierbar. Ein Urwald, Staudenbeete, Holzdecks, Pergolen, Sandspielbereiche, Sitzplätze, Schmuckbeete unterbreiten Nutzungsangebote für unterschiedliche Generationen. Eine kunstvolle optische Verbindung zwischen den beiden sich harmonisch abgrenzenden Gartenfeldern stellen bildhauerisch bearbeitete Natursteinmonolithe in Schwarz und Weiß dar.

■ **Residential landscape regeneration at Biesenbrower Straße and Welsestraße, Berlin, Germany, 1998**

Between large blocks of flats lie two rectangular gardens, their dichotomy evoking memorable images. Semi-mature pines denote the "black courtyard" and birch trees with bright white stems the "white courtyard". Within a fixed framework, just as with a modular system, garden rooms are created in a unitised design which will adapt over time to the changing lifestyle patterns of the residents. The modules are flexible and can be exchanged, extended or reduced. A jungle, herbaceous borders, timber decks, pergolas, sand pits, seating areas and ornamental bedding plants provide a variety of uses for different generations. A visual link between both garden rectangles is provided by artistically sculpted stone monoliths in black and white.

Schwarzer Hof (rechts)
Black courtyard (right)

1998

ANDREA GLÜCK

„Schwarz und Weiß — eine echte Herausforderung im dynamischen Alltag und in der Landschafts-architektur."

Andrea Glück, HOWOGE Wohnungsbaugesellschaft mbH

OLIVER POHLMANN

„Umgeben von 730 Wohnungen hat man immer noch das Gefühl, an einem kontemplativen Ort zu sein."

Oliver Pohlmann, HOWOGE Wohnungsbaugesellschaft mbH, Technisches Management

1998

FIDDIKE

„Die Höfe funktionieren gut und werden besonders im Sommer von den Anwohnern angenommen. Leider vergessen manche Mitmenschen, dass sie auch mal Kinder waren."

Herr Fiddicke, Hausmeister, HOWOGE Wohnungsbaugesellschaft mbH

STEFAN LORBERG

„Die Birken und Kiefern haben das Projekt erst zum Leben gebracht."

Stefan Lorberg, Inhaber und Geschäftsführer der Baumschule Lorberg

1998

Weißer Monolith mit Kiefern (rechts)
White monolith and pine trees (right)

Schwarzer Monolith mit Birken (S. 258/259)
Black monolith and birch trees (pp. 258/259)

30 Grüne Netze spinnen
Spinning green webs

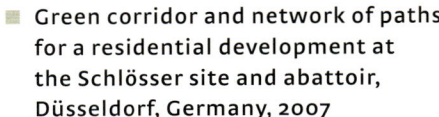

■ **Grünzug und Wegenetz für Wohnhäuser im Schlösserareal und Schlachthof, Düsseldorf, Deutschland, 2007**

Die Attribute „verlassen, zerstört, unstrukturiert, unpassierbar, laut, unwirtlich, unheimlich" beschrieben den Ort des einstigen Schlösserareals und des Schlachthofes über viele Jahre. Für eine Neubelebung wird das Gelände zunächst mit den umgebenden Straßen, Grünzügen und Gebäuden verknüpft. Drei grüne Achsen von Ost nach West kreuzen den zu vervollständigenden inneren grünen Ring von Düsseldorf. Auf dem Schlösserareal entstehen drei Gewerbeblöcke, die sich durch die jeweils individuelle Gestaltung ihrer Vorplätze und Innenhöfe unterscheiden. Den alten Schlachthof begrenzen eine Schallschutzwand und Wohnhäuser, so dass nach Innen ruhige Freiräume entstehen. Die öffentlichen Grünachsen mit Wasser-, Spiel- und Freizeitplätzen werden mit mäanderartigen Wegen ergänzt, die zum Spaziergang über Plätze und durch kleine Parks einladen. Hausgärten ermöglichen den privaten Rückzug. An die Deportation von Juden im Zweiten Weltkrieg erinnert ein Bodenrelief aus alten Bahnschienen an der ehemaligen Schlachthalle. Der behutsame Umgang mit der Geschichte stellt einen Garant für ein zukunftorientiertes und freudvolles Leben an diesem Ort dar.

■ **Green corridor and network of paths for a residential development at the Schlösser site and abattoir, Düsseldorf, Germany, 2007**

Attributes such as "deserted, destroyed, unstructured, impassable, noisy, hostile, spooky" were associated with the former Schlösser site and the abattoir for many years. The site was linked into the surrounding network of roads, green corridors and buildings as part of the initial rejuvenation measures. Three green corridors cross the inner greenbelt of Düsseldorf from east to west. The Schlösser site will accommodate three commercial buildings with individually designed forecourts and inner courtyards. A noise barrier borders the old abattoir and residential buildings, providing quiet outdoor spaces. The public green corridors include water, play and recreation areas which are complemented by meandering paths that lead through small parks and across squares. Back gardens offer an opportunity for retreat. A floor relief made out of old railway rails in the former abattoir hall recalls the deportation of the Jews in the Second World War. The careful handling of the site's history will ensure forward looking and happy times in this place.

Grüne Achsen mit Spiel- und Freizeitflächen (rechts)
Green corridor with play and recreation areas (right)

erleben

Wir planen Stadtplätze, Fußgängerzonen, Freiräume von Geschäftszentren und Stadien, die sich harmonisch in ihr Umfeld einfügen, weil wir finden, dass es wichtig ist, dass Geschichte und Struktur der Stadt erkennbar bleiben und gestärkt werden. Es entstehen Orte zum Treffen, Austauschen und Entdecken. Hier können Kultur und Kunst erlebt, Stadtfeste und Sportevents gefeiert werden. Mit einer feinfühligen Wahl dezenter Gestaltungselemente lassen wir den Nutzern Spielraum für die Inbesitznahme des Freiraumes sowie für Individualität und Kreativität. Die Elemente zeichnen sich durch eine hohe multifunktionale Nutzbarkeit und Wandelbarkeit aus. Unsere Konzepte entsprechen den Wünschen nach Dauerhaftigkeit und Langlebigkeit, indem wir Materialien verwenden und Formen finden, die den langjährigen und sich ändernden Nutzungsanforderungen standhalten. So können die Orte ihr Gesicht im Laufe der Zeit wandeln.

We design urban spaces, pedestrian zones, landscapes for business centres and stadiums which are harmoniously integrated into their surroundings because we believe it is important that the history and fabric of cities remains recognisable whilst also being reinforced. Places are created for meeting, communicating and exploring. Here, culture and art can be experienced, city fêtes and sports events celebrated. Through the perceptive choice of subtle design elements we let people decide how to occupy open spaces, leaving scope for individuality and creativity. The elements are characterised by their multi-functionality and adaptability. Our concepts meet the demands of permanence and durability since we design with materials and forms that withstand enduring and changing uses. That's how places can change their appearance over time.

experience

31

Gold des Nordens
Gold of the north

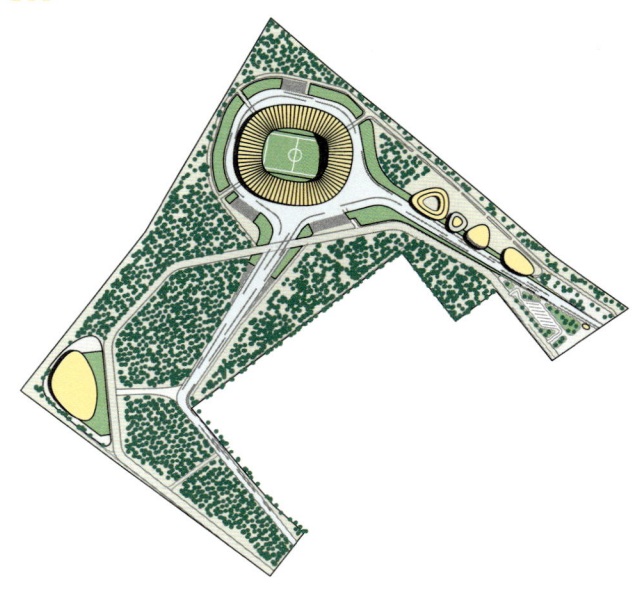

■ Promenaden, Plätze, Parkplätze für Baltic Arena, Danzig, Polen, 2010

Bernstein – „das Gold des Nordens" – entwickelte sich in bis zu 260 Millionen Jahren aus zähflüssigem Harz zur festen, gelb schimmernden Substanz. Dieses Bild vom Werden und Wachsen des Bernsteins wird in Form und Ausstrahlung des Stadions in die neue Zeit getragen. Der Prozess spiegelt sich in zwei Ebenen wider. Die untere Ebene – der Ursprung der Entwicklung – markiert ein Wald aus Kiefern, der die Parkflächen für 5.000 Besucherstellplätze überdacht. Die obere Ebene – das Resultat der Entwicklung – besetzt das Stadion als riesiger „Bernstein", der in die Stadt hinaus strahlt und sich mit ihr über weitläufige, schwungvolle Brücken, Treppen, Aufzüge und Böschungen verbindet. Die kleineren „Bernsteine" beherbergen ein Hotel und andere kommerzielle Einrichtungen.

■ Promenades, squares, car parks for the Baltic Arena, Gdańsk, Poland, 2010

Amber – the gold of the north – takes around 260 million years to transform from viscous resin into a solid, shimmering substance. This image of amber developing and growing is carried over into modern times in the shape and look of the stadium. The process is mirrored on two levels. The lower level – the origin of development – is defined by a forest of pines, its canopy forming a roof above the 5,000 visitors' car parking spaces. The upper level – the end result of development – is occupied by the stadium in the form of a giant amber stone that shimmers onto the city and links into it with generous, sweeping bridges, stairs, lifts and slopes. The smaller ambers accommodate a hotel and other commercial facilities.

Stadion mit Besucherparkplätzen (oben, rechts)
Stadium and visitors' car park (top, right)

Bernsteine (unten, rechts)
Ambers (bottom, right)

32

Eiland im Freiland
Island in the open

■ **Rathausplatz, Park und Parkplatz,
Hennigsdorf, Deutschland, 2003**

Das neue Rathaus in Hennigsdorf liegt wie
eine Insel im Freiraum, die sich nach allen
Richtungen in die Umgebung öffnet. Das
„Eiland Rathaus" als Hauptinsel umlagern
kleine „Eilande" mit unterschiedlichen Funktionen. Das „Eiland Parkplatz" präsentiert sich
mit einem Heckenband, einer „Baumwolke"
und hervorstechenden Markierungen. Das
„Eiland Blauer Wald" beherbergt das Krieger-
denkmal, welches durch ein Wegekreuz und
geheimnisvoll verschlungene Pfade im vorhandenen Baumdickicht zu erreichen ist. Ein
künstlicher Berg mit skurrilen Gehölzen, ein
Spielhügel mit kunstvoll anmutenden Spiel-
geräten und ein Feld mit Topiaren ergänzen
die „Eilande". Der Pflasterbelag verbindet alle
Inseln fließend und dynamisch zu einem
Ornament.

■ **Town hall square and car park,
Hennigsdorf, Germany, 2003**

The new town hall of Hennigsdorf lies like an
island in a sea of open space, opening out to
all sides. The "Town Hall Island" is the main
island surrounded by smaller isles with different functions. The "Car Park Island" is
shaped by a band of hedges, a "tree cloud"
and conspicuous markings. The "Blue Forest
Island" holds the war memorial, which can
be reached via a crossway and then mys-
teriously winding paths through a thicket
of trees. Other islands contain an artificial
mountain with bizarre trees and shrubs, a
play hill with artfully designed play equipment, and a field of topiary. The paving is
flowing and dynamic, connecting all islands
into one ornament.

„Eiland" mit Topiaren (rechts)
Topiary island (right)

„Komme seit Jahren hierher. Die Vögel singen.
Sehr friedlich und geschichtsträchtig. Ich hoffe,
es bleibt so friedlich und idyllisch."

Cornelia Schiele, Passantin

„Mein erster Eindruck war, endlich einmal neue Ideen,
die sich auch mit ihren Details hervorragend an das
Gebäude angepasst haben."

Günter Grünert, GKI Gesellschaft für
kommunale Immobiliendienstleistungen

„Der Rathausplatz leistet einen großen Beitrag für eine
verbesserte Aufenthaltsqualität der Bewohner und
Besucher der Stadt Hennigsdorf an dieser städtebaulich sensiblen Stelle."

Thomas Starost, Rathaus Hennigsdorf, Stadtentwicklung

„Ein Stück Stadtlandschaft, im wahrsten Sinne des
Wortes, ist entstanden."

Jens Ludloff, Ludloff + Ludloff Architekten

Eingang zum Rathaus
Entrance to town hall

Eiland „Blauer Wald" (oben)
"Blue Forest" island (top)

Künstlicher Berg (links)
Artificial mound (left)

Spielhügel (S. 278/279)
Play hill (pp. 278/279)

33

33 Wasser ist Leben
Water is life

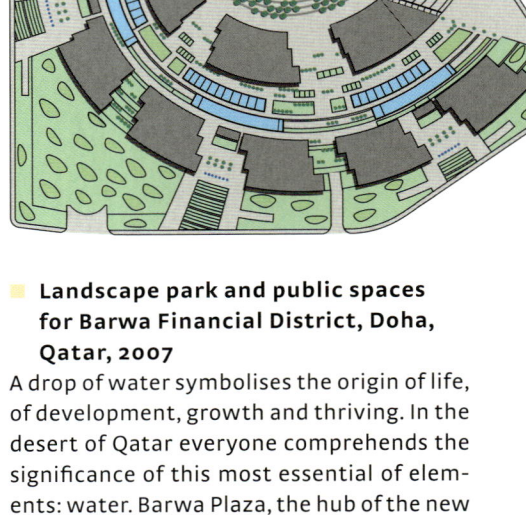

Landschaftspark und Plätze für Barwa Financial District, Doha, Qatar, 2007

Ein Wassertropfen gilt als Sinnbild des Lebensursprungs, des Werdens, Wachsens und Gedeihens. In der Wüste von Qatar fühlt jeder die Bedeutung des Wassers als wichtigstes Lebenselixier. Die Barwa Plaza, der Kern des neuen Finanzzentrums, mit seinem kreisrunden Brunnen adaptiert die Form eines Wassertropfens. Der Brunnen erzeugt Wasserbilder unterschiedlichen Charakters – den ruhigen See, das tosende Meer, den Geysir, die Fontäne oder die Nebelwolke. Das Wasser versiegt, wenn Veranstaltungen auf der Plaza stattfinden. Dann verwandelt sich der Brunnen in eine Bühne. Lichtbänder und Intarsien überziehen die Plaza wie ein orientalischer Teppich. Wasser, das nie versiegt, sprudelt an der Kaskade der Hauptzufahrt, am Wasserfall des Hotelgartens und auf einzelnen Wasserstufen. Hier erfrischen sich die Menschen und sammeln Kraft für neue Herausforderungen.

Landscape park and public spaces for Barwa Financial District, Doha, Qatar, 2007

A drop of water symbolises the origin of life, of development, growth and thriving. In the desert of Qatar everyone comprehends the significance of this most essential of elements: water. Barwa Plaza, the hub of the new financial centre, has a circular water feature, reminiscent of a drop of water. The fountain evokes different images of water: calm lakes, rough seas, geysers, water jets and clouds of fog. The water seeps away when events take place on the plaza. The fountain is transformed into a stage. Bands of lights and inlays across the plaza form a pattern evoking an oriental carpet. The gushing cascade on the main access drive, the waterfall at the hotel and the water steps never run dry. Here, people come to freshen up and to summon the strength to face challenges.

Dachgärten und Wasserringe (oben, rechts)
Roof gardens and water circles (top, right)

Wasserfall und Kaskade (unten, rechts)
Waterfall and cascade (bottom, right)

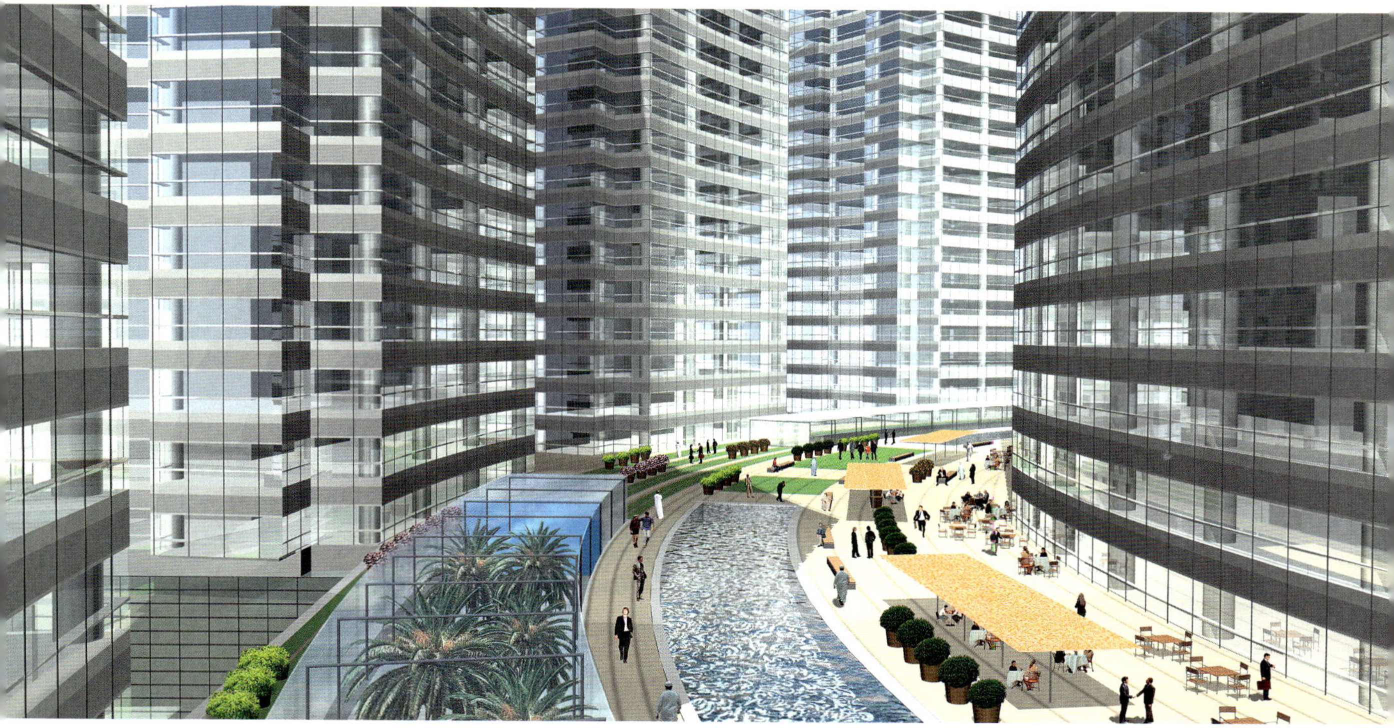

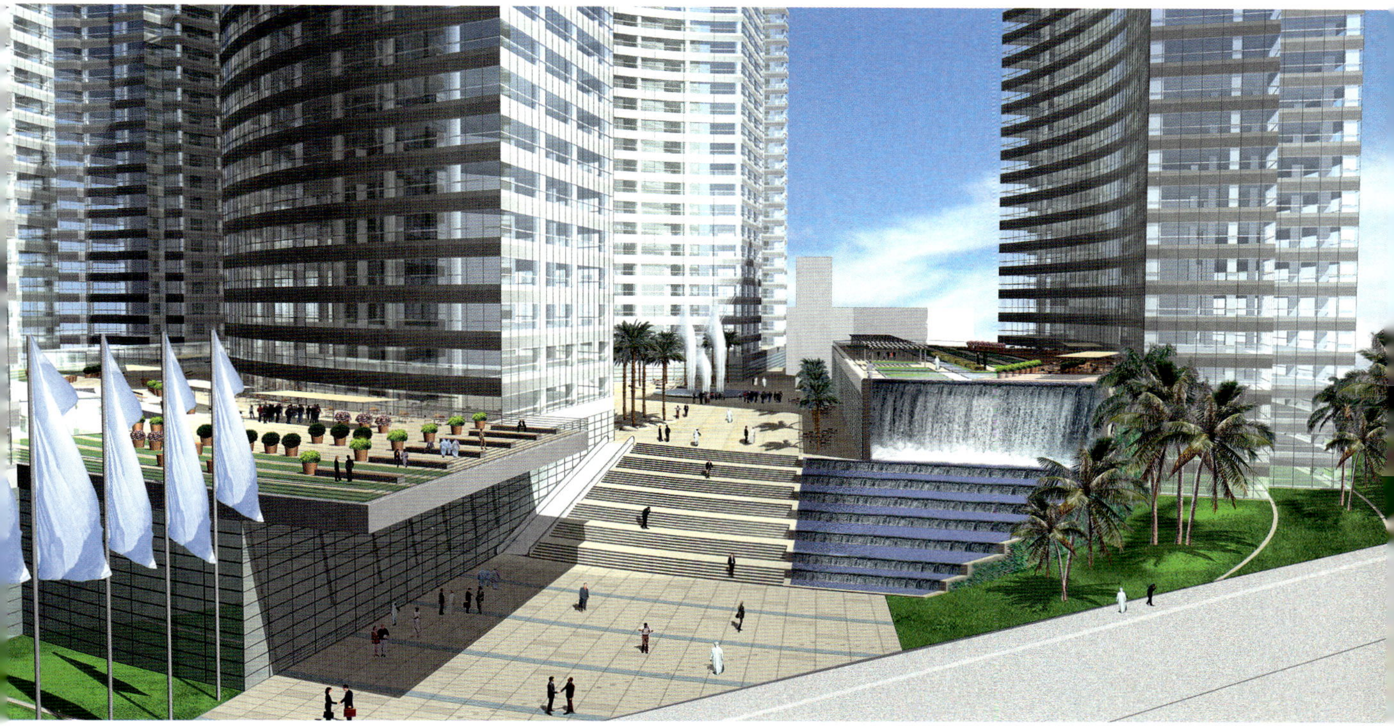

34 Auf dem Stadtparkett
On the city parquet

■ **Fußgängerzone Porschestraße, Wolfsburg, Deutschland, 2009**

Die Porschestraße wurde ursprünglich von den Stadtplanern als breite, offene Straße für Verkehr und Handel angelegt, die den Bahnhof mit dem Süden verband. In den 70er-Jahren des vergangenen Jahrhunderts verwandelte sich diese Achse in eine Fußgängerzone, die mit zahlreichen Einkaufs- und Gastronomiepavillons versehen wurde. Das neue Konzept vereint die Vorteile beider Ansätze: räumliche Offenheit gepaart mit Angeboten für den Freizeit- und Einkaufsspaß. Das neue, aus Natursteinen geformte Stadtparkett gliedert die Porschestraße in fünf Funktionsstreifen. Auf dem Mittelstreifen wird unter Platanen flaniert. Der freie Bewegungsfluss von Nord nach Süd und zurück wird zu jeder Zeit gewährleistet. Von den Bänken zwischen den Platanen aus lassen sich die Flanierenden beäugen oder die Spielenden auf den beiden Bewegungsflächen rechts und links der Mitte beobachten. Die Spielelemente sind den Nationen gewidmet, die in Wolfsburg arbeiten und leben. Wasserspiele locken Passanten an. Das „Parkett" wird an den äußeren Rändern von Einkaufswegen gerahmt. Glasdächer über diesen erweiterten Verkaufsflächen machen das Einkaufen bei jedem Wetter möglich.

■ **Porschestraße pedestrian zone, Wolfsburg, Germany, 2009**

Urban planners originally envisaged Porschestraße as a wide, open street for traffic and trade linking the station to the south. In the 1970s the axis was made into a pedestrian zone with numerous pavilions accommodating shops and restaurants. The new concept combines the benefits of both approaches: openness paired with ample space for recreation and shopping. The new city parquet flooring is constructed of stone and divides Porschestraße into five functional strips. The middle strip is for strolling under plane trees. Along the centre, from north to south, free movement is guaranteed at all times. From the benches between the plane trees people can observe passersby or children playing in the movement areas to the left and right of the centre. The play equipment is dedicated to the different nations who work and live in Wolfsburg. Water features invite you to linger a while. Shopping routes run along the outer edges of the "parquet" surfacing under glazed roofs that extend the sales areas and allow shopping in all weathers.

Stadtparkett mit Lichtintarsien (rechts)
City parquet with light inlays (right)

Restaurierter Brunnen
Restored fountain

SILKE WESTPHALEN

MONIKA THOMAS

THOMAS MÖHLENDICK

„Wir warten jetzt auf den betörenden leichten ‚grünen'
Schatten der Platanenblätter auf dem gelben Granit
und auf Zeit dafür, einen Moment mit einem Eis
innezuhalten."

Silke Westphalen, Stadt Wolfsburg, Grünflächenamt

„Es ist schön zu sehen, wie zufrieden die Wolfsburger
die neuen Aufenthaltsräume annehmen, wie die Sehn-
süchte der Wolfsburger nach Grün und gemütlichen
Bänken erfüllt wurden."

Monika Thomas, Stadt Wolfsburg, Stadtbaurätin

„Bei dem Projekt denke ich an einen komplexen und
langwierigen Planungsprozess mit vielen Beteiligten."

Thomas Möhlendick, O.M. Architekten BDA,
Geschäftsführer

Wasserspiel
Water feature

"Ich denke an Abstimmungsprozesse, Überzeugungs-
arbeit, Engagement für die Entscheidung pro Umbau
und ganz viel Enthusiasmus."

Gudrun Schulze, Stadt Wolfsburg, Grundstücks- und
Gebäudemanagement

"Aus Vision wurde Wirklichkeit."

Detlef Ritzau, GfL Planungs- und
Ingenieurgesellschaft GmbH

"Es war ein langer und arbeitsreicher Weg, die
Masterplanung Neue Porschestraße auf den Weg zu
bringen. Die Akzeptanz in der Bevölkerung ist
ausgesprochen gut."

Hans-Hermann Schröder, Stadt Wolfsburg,
Stadtplanung

Platanenreihe (oben, rechts)
Row of plane trees (top, right)

Ausruhen (unten, rechts)
Resting (bottom, right)

Flanieren unter Platanen (links)
Strolling beneath plane trees (left)

35

Grüne Inseln
Green Isles

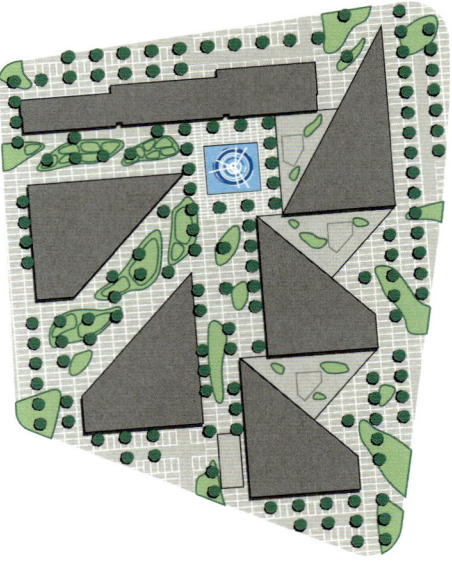

■ Plätze und Wege für neues Stadt-
quartier Höfdatorg, Reykjavik,
Island, 2006

Die Freiflächen des neuen Büro- und Ge-
schäftsviertels mitten in Reykjavik sollen
Angebote unterbreiten, die einerseits urbanes Leben ermöglichen und andererseits die
Natur in die Stadt holen. Die Basis für diese
Flächen bilden Platten aus Basalt. Wie der Basalt für Island der prägende Stein ist, so ist die
Birke die prägende Pflanze. Schlanke Birken
unterstreichen das Basaltraster, in welches
sich die spitzwinkligen Gebäude einordnen.
Ab und zu steigen helle Dämpfe aus Boden-
öffnungen auf, die an die zahlreichen heißen
Quellen auf Island erinnern und den Kontakt
zur Unterwelt herstellen – unter dem Basalt
befindet sich die Tiefgarage. Zwei Gebäude
werden jeweils durch ein mit Pflanzen gestal-
tetes Atrium miteinander verbunden. Hier
schmücken wuchernde Kletterpflanzen die
Fassaden. Island ist bekannt für seine leuchtend grünen Inseln aus Moos. Kleine Abbilder
dieser Inseln lagern zwischen den Gebäuden.
Sie beherbergen Spielflächen, kleine Gärten
und umfließen einen großen Stadtplatz. Um
und auf dem Platz gruppieren sich kleine Lä-
den, Cafés und Shops, die den Aufenthalt im
Freien zum Erlebnis machen.

■ Squares and paths for the new urban
quarter Höfdatorg, Reykjavik, Ice-
land, 2006

The landscape of the new office and commercial quarter in the centre of Reykjavik
will, on the one hand, contribute to urban
living and, on the other hand, bring nature
into the city. Slabs of basalt form the base of
the scheme, and just as basalt is the characteristic stone for Iceland, birch is its characteristic tree. Slender birches give emphasis
to the basalt grid on which the acute-an-
gled buildings are arranged. Every now and
again, light mist rises from apertures in the
ground, reminiscent of Iceland's hot geysers, which form a link to the underworld –
the underground car park below the basalt.
Each planted atrium forms a link between
two buildings. Rampant climbers adorn the
façades. Iceland is famous for its brilliant
green islands of moss. Small representa-
tions of these isles are arranged between
the buildings. They accommodate play areas
and small gardens that are spread around a
large urban square. Both on and around the
square, groups of small shops and cafés turn
each visit into an experience.

Birken auf Basalt (rechts)
Birch trees in basalt (right)

36

Städtisches Treiben
Urban activity

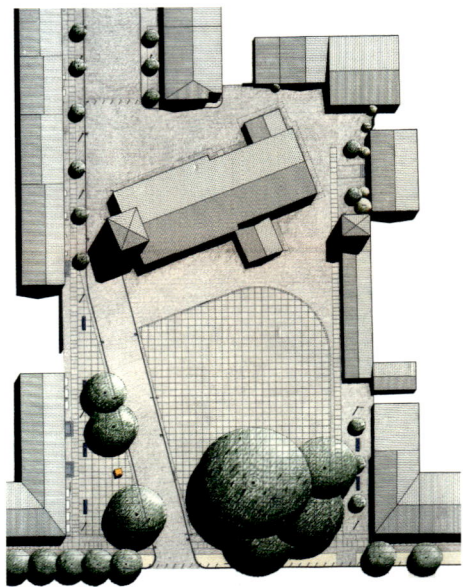

Kirchplatz, Rheinsberg, Deutschland, 1996

Die Neugestaltung des Kirchplatzes folgt dem Knobelsdorff'schen Bestreben nach einem Ensemble aus Plätzen – Marktplatz, Triangelplatz und Kirchplatz –, das in seiner Wirkung einem einheitlichen, verbindenden, klar strukturierten Gestaltungskodex unterliegt, jedoch seiner jeweiligen Funktion gerecht wird. Als Zeichen der Bedeutsamkeit stellt der Kirchplatz die Kirche in seine Mitte und öffnet sich dem umgebenden Stadtraum. Feldsteinpflaster rahmt die Kirche und zieht sich im Sinne einer verbindenden, klaren Struktur in die angrenzenden Straßen hinein. Große Natursteinplatten markieren im gebührenden Abstand von der Kirche die Fläche für Märkte, Feste und Veranstaltungen. Der weitgehende Verzicht auf stadträumliche Möblierung unterstreicht die Funktion des Platzes als Ort für mannigfaltige städtische Aktivitäten wie Märkte, Feste und Spiele.

Church square, Rheinsberg, Germany, 1996

The redevelopment of the church square is part of Knobelsdorff's objective for an ensemble of squares – market square, triangular square and church square – which are laid out according to a clearly structured design code while still serving their separate functions. The church stands as a symbol of dominance in the middle of the square, which opens out onto the town around it. Granite sett paving surrounds the church and is continued into adjacent streets, forming a clear connecting element. Large stone slabs set at a respectful distance mark out the area for markets, fêtes and events. The acute absence of urban furniture emphasises the function of the square as a place for numerous urban activities, such as markets, festivals and games.

Markttag (rechts)
Market day (right)

KLAUS PELLMANN

1996

1996

1996

„Rheinsberg mon amour!
Paddeln auf dem Flüsschen Rhin. Verweilen vor dem
Rheinsberger Schloss. Musizieren im Heckentheater
des Schlossparkes und Einkaufen auf dem Kirchplatz
von ST raum a. ..."

Klaus Pellmann, Berufsschullehrer

Kirchplatz
Church square

Der Lauf der Welt
Way of the world

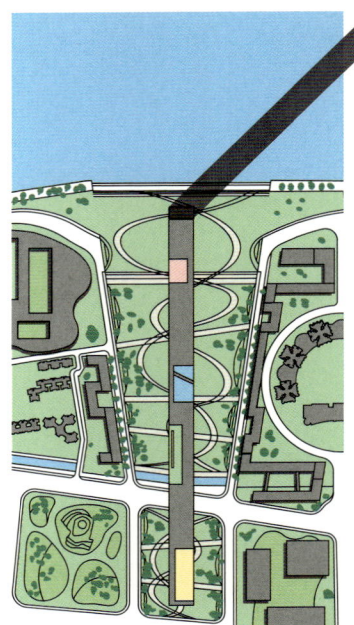

■ Park für Fernsehturm, Guangzhou, China, 2004

Auf den sanft geschwungenen Rasenwellen des neuen Parks an der Uferpromenade von Guangzhou ragt die große Turmskulptur wie ein Fels in der Brandung. Der „liegende" Teil der Skulptur beherbergt Erlebnisräume, die die Entstehungsgeschichte der Erde und die Stellung Chinas im Universum erzählen. Ein Riesenrad verankert den Turm im Erdreich. Die flach ansteigenden, den Tower umspielenden Böschungen als Rasenwellen laden mit ihren großen, malerischen Laubbäumen zum Aufenthalt ein. Der Platz am Zugang zum TV Tower wird großzügig mit Natursteinplatten, Skulpturen und Sitzkanten gestaltet, wobei dessen offene Weite die Größe des Towers unterstreicht. Die breite Uferpromenade erstreckt sich auf ganzer Länge entlang der Kaimauer. In regelmäßigen Abständen sind lange Sitzbänke und schlichte Lichtsäulen angeordnet, von denen spektakuläre Ansichten der Stadtsilhouette von Guangzhou erlebbar werden.

■ Park at the TV Tower, Guangzhou, China, 2004

Out of the gently undulating waves of grass in the new park along the riverwalk in Guangzhou, a tall sculpted tower rises like a cliff. The horizontal part of the building accommodates exhibitions on the evolution of the earth and China's position in the universe. A Ferris wheel anchors the tower in the ground. The shallow, sloping grass waves around the base of the tower are interspersed with large, picturesque deciduous trees and invite people to linger. The square at the entrance to the TV tower is generously designed with stone slabs, sculptures and seating walls, its open expanse emphasising the height of the tower. The embankment walk extends along the entire quayside. Arranged along it at regular intervals are simple light columns and long benches, from which spectacular views of Guangzhou's skyline can be enjoyed.

Skulptur im Park (rechts)
Sculpture in the park (right)

38

Bühne für urbanes Leben
Stage for urban life

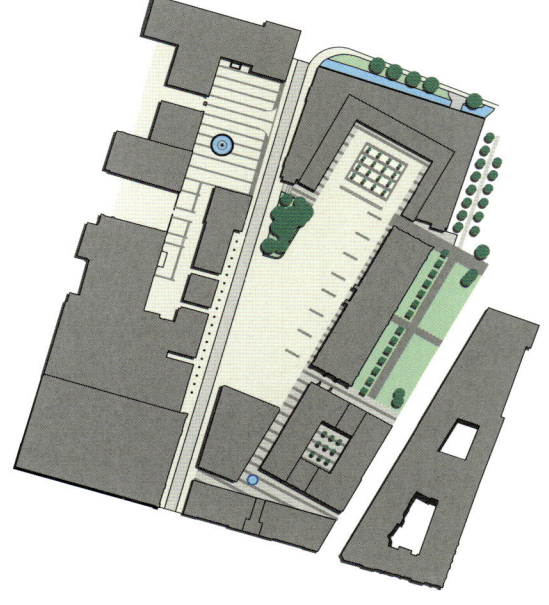

▪ Marstallplatz und Quartiershof an der Maximilianstraße, München, Deutschland, 2003

Dem Anspruch einer historisch bedeutenden Großstadt folgend, wurde ein Stadtraum von ausdrucksvoller Klarheit geschaffen. Der Marstallplatz erhielt im Gesamtkomplex mit dem Salpeterhof, dem Maximilianhof und dem östlichen Vorfeld der Residenz einen schlichten Platzbelag aus Natursteinplatten in wechselnden Größen. Dunkle Natursteinbänder strukturieren die Plätze und Höfe. Brunnen – darunter die schlichte dunkle, sprudelnde Granitbrunnenschale im Salpeterhof – beleben das Ensemble. Bizarre Lichtintarsien bespielen bei Nacht den Marstallplatz. Bodenstrahler in Gebäudenähe betonen die Architekturprofile des Marstalls. Die verschiedenartigen Freiraumelemente werden durch Gassen und Durchgänge miteinander vernetzt und in die vorhandene Stadtstruktur integriert. Der „steinerne" Marstallplatz ist Bühne für urbanes Leben, für Feierlichkeiten und Konzerte.

▪ Marstallplatz and courtyard on Maximilianstraße, Munich, Germany, 2003

The need to meet the aspirations of a historically significant city gave rise to this urban space of expressive clarity. Marstallplatz, as part of the overall complex including Salpeterhof, Maximilianhof and the eastern forecourt of the residence, is paved in simple stone slabs of varying sizes. Bands of dark stone structure the squares and courtyards. Water features – including the simple, dark, bubbling granite bowl in Salpeterhof – enliven the ensemble. Bizarre light inlays illuminate Marstallplatz at night. Recessed floor lights close to the building accentuate the façade ornaments of the Marstall. Lanes and passages link the different urban spaces and integrate the ensemble into the existing fabric of the city. Marstallplatz becomes a stage for urban life, festivities and concerts.

Lichtintarsien am Marstall (rechts)
Light inlays on Marstall (right)

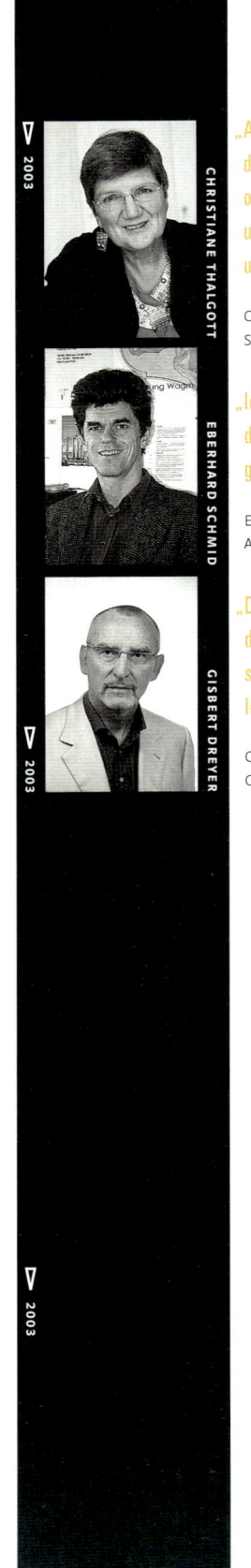

„Abends, nach der Oper tanze ich über die Lichter auf dem Marstallplatz. Tags ist der Platz großzügig und offen — besser wäre er, wenn nicht die Bühnenlaster, und in ihrem Gefolge viele Autos, den Platz besetzten und den Blick auf den Marstall verstellten."

Christiane Thalgott, Rathaus München,
Stadtbaudirektorin a.D.

„Ich freue mich jedes Mal, wenn ich am Abend über den Platz schreite, das effektvoll illuminierte Marstall-gebäude von Leo von Klenze erleben darf."

Eberhard Schmid, Staatliches Bauamt München,
Abteilungsleiter

„Der Platz verbindet als Raum und genauso als Gefühl die Musik, die Kultur, die Wissenschaft und die Ge-schichte mit dem Bürgerleben dieser Stadt: München leuchtet hier besonders!"

Gisbert Dreyer, Dreyer Planungsgesellschaft mbH,
Geschäftsführer

Marstallplatz mit neuer Probebühne
Marstallplatz with new rehearsal stage

„So habe ich mir den Ort immer vorgestellt: fast italienisch, mit stattlichen Häusern und Höfen, mit Passagen und sauber verlegten Plätzen. Und dann freut mich dies: Es macht Spaß mit Tobias und Stefan zusammenzuarbeiten."

Oliver Kühn, GKK+Architekten, Geschäftsführer

„Naturstein, Natursteinboden, gute Begehbarkeit, klare geordnete Situation, hell, freundlich. Der Platz ist nun wirklich für Fußgänger nutzbar."

Norbert Achatz, Staatliches Hochbauamt München

Marstallplatz mit Max-Planck-Institut
Marstallplatz and Max Planck Institute

Maximilianhof mit Pflanzkübeln (oben)
Maximilianhof with planters (top)

Passage vom Salpeterhof (rechts)
Passage from Salpeterhof (right)

Brunnenschale im Salpeterhof (links)
Water bowl in Salpeterhof (left)

Einkaufsbummel (rechts)
Shopping expedition (right)

39

39 Lebendige Seele Wasser
Lively spirit of water

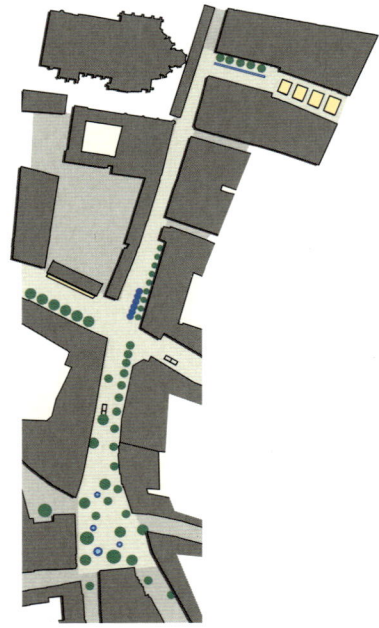

■ Fußgängerzone und Stadtplätze, Lübeck, Deutschland, 2007

Lübecks Altstadt wird von Wasserläufen umgeben. Die Aura des Wassers wird mit dem neuen Gestaltungskonzept für die Hauptader der Altstadtinsel, bestehend aus der Fußgängerzone, den sieben Plätzen und zahlreichen Sehenswürdigkeiten gestärkt. Wasser gilt als die „lebendige Seele". Wasser sprudelt, quillt, läuft, erfrischt, erquickt, mundet, bringt neues Leben. Im Sieben-Schleusen-Brunnen auf dem Schrangen-Platz können in Anlehnung an den Elbe-Lübeck-Kanal Schleusen von Hand geöffnet oder geschlossen werden. Am Kohlmarkt, dem Tor zur Altstadt begrüßen fröhlich sprudelnde Wasserfontänen den Ankommenden. Auf dem Klingenberg lagern vier Brunnenschalen wie kleine Himmelsspiegel zwischen den Bäumen, die plätschernde Geräusche erzeugen. Frische und Lebendigkeit ziehen die Passanten auf die Plätze, in die Cafés und Geschäfte der Stadt.

■ Pedestrian zone and urban squares, Lübeck, Germany, 2007

The old town of Lübeck is surrounded by water. An aura of water is emphasised by the new design concept for the main artery on the island of the old town, consisting of a pedestrian area, seven squares and numerous sights. Water is deemed the "lively spirit". Water bubbles, gushes, runs, refreshes, revitalises, tastes good and brings new life. In the Seven Locks Fountain on Schrangen Square, locks representing the Elbe-Lübeck Canal can be opened and closed by hand. On Kohlmarkt, the gate to the old town, friendly, frothing water jets greet new arrivals. On Klingenberg, four water bowls stand like small mirrors of the sky between the trees, making a rippling sound. A freshness and vibrancy draws people into the squares, cafés and shops of the city.

Sitzterrassen auf Schrangen-Platz (rechts)
Seating steps on Schrangen-Platz (right)

Gassen im neuen Gewand
Lanes in new robes

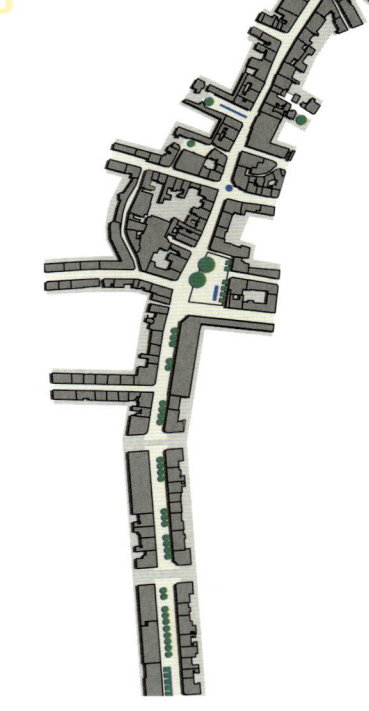

■ **Fußgängerzone Wiesbaden,
Deutschland, 2009**

Ein Tuch, gewirkt aus hell leuchtenden Granitsteinplatten und schimmernden Bronzebändern, durchfließt die innerstädtischen Gassen von Wiesbaden. Harmonisch fügen sich Applikationen in Form von einfachen, auf das Wesentliche reduzierten Wasserelementen oder Baumgruppen ein. Die Wasserflächen spiegeln Menschen, Gebäude, Wolken, Vögel und die das Stadtbild prägenden Platanen wider. Schlicht geformte Lichtstelen und Hängeleuchten tauchen die Straßen in den Abendstunden in ein warmes, atmosphärisches Licht und laden zu einem Schaufensterbummel ein. Die Einfachheit und Eleganz der einzelnen Gestaltungselemente, zu der auch eine im Laufe der Jahre sich bildende lebendige Patina der Oberflächen gehört, ermöglichen eine facettenreiche und dauerhafte Nutzbarkeit der Gassen dieser Stadt.

■ **Wiesbaden pedestrian zone,
Germany, 2009**

A cloth spun from bright granite slabs and shining bronze bands flows through the inner city lanes of Wiesbaden. Simple water features and groups of trees stripped down to their bare essentials have been harmoniously integrated like pieces of appliqué. The surface of the water reflects people, buildings, clouds, birds and the city's characteristic plane trees. At night, the simple light columns and pendant luminaires envelop the streets in a warm, atmospheric light and invite people to go window-shopping. The simplicity and elegance of the individual design elements, including the patina that has formed on the surfaces over the years, facilitates a multifaceted and long-term use of the lanes of Wiesbaden.

Blick in die Fußgängerzone (rechts)
View of the pedestrian zone (right)

"Von Jahr zu Jahr, als ein Abschnitt nach dem anderen fertiggestellt wurde und somit das ‚Puzzle' sich füllte, schwappte die Stimmung der Anlieger, der Medien und auch der Politik in überwiegend positive Äußerungen über."

Gisbert Klose, Landeshauptstadt Wiesbaden, Tiefbauamt

"Die Fußgängerzone wird sogar von Passanten sauber gehalten. Sie heben zum Teil das Papier auf."

Nadine S., Sabrina A., Nicole B. , Passanten

"Das warm-weiße Licht wird von der Bevölkerung positiv beurteilt."

Horst Kern, ESWE Versorgungs AG

"Das Projekt Fußgängerzone war und ist die Grundlage für die positive Stadtentwicklung der letzten Jahre in Wiesbaden. Schnell ist die Erinnerung an den alten Zustand verblasst."

Prof. Dr.-Ing. Joachim Pös, Landeshauptstadt Wiesbaden, Stadtrat

Stadtmöbel
Street furniture

„Das Projekt schreitet für ‚Verwaltungsverhältnisse'
recht zügig voran."

Lars Weuster, Landeshauptstadt Wiesbaden,
Verkehrs- und Straßenplanung

„Hier verändert sich Stück für Stück und Jahr für
Jahr das Gesicht eines gesamten Stadtzentrums.
Ein gewaltiges Projekt."

Frank Dickmann, Berliner Steincontor GmbH,
Geschäftsführer

„Als Moderator des Gesamtprozesses erkundete ich die
Anliegen und Wünsche der Bürger Wiesbadens. Ich
finde heute, dass das Beteiligungskonzept mitverant-
wortlich ist für die hohe Qualität des Ergebnisses."

Roland Strunk, Mahler + Strunk Consult GmbH

„Wie bei der ersten Beule im Auto, die bekanntlich
am meisten weh tut, gewöhnt man sich an die Ge-
brauchsspuren und genau hier muss sich die Planung
und die Qualität der Umsetzung beweisen."

Sabine Elberfeld, Landeshauptstadt Wiesbaden,
Stadtplanungsamt

Wasserspiel an der Schützenhofquelle
Water feature at Schützenhofquelle

Natursteinplatten und Bronzeintarsien,
drei Ansichten (oben)
**Granite slabs with bronze inlays,
three views (top)**

Wegeführung (links)
Layout of paths (left)

Passion City (S. 334/335)
Passion City (pp. 334/335)

Anhang Appendix

Projekte Projects

01  **Park und Parkplatz für Sparkassenakademie und Seminarhotel, Lichtenwalde, Deutschland** Park and parking for the Savings Bank academy and seminar hotel, Lichtenwalde, Germany ■ **Realisiertes Projekt** Realised Project ■ **Bauherr** Client Ostdeutscher Sparkassen- und Giroverband ■ **Architekten** Architects Behnisch Hermus Schinko Schumann Architekten mit Andreas Bollmann ■ **Fläche** 5 ha **Area** 5 hectare ■ **Jahr** Year 2002 ■ **Projektteam** Project Team Tobias Micke, Nicole Uhrig, Miguel Loos ■ **Adresse** Location August-Bebel-Straße 1, 09577 Lichtenwalde

02  **Umgestaltung Neuer Lustgarten, Hennickendorf, Deutschland** Redevelopment of the New Pleasure Garden, Hennickendorf, Germany ■ **Realisiertes Projekt** Realised Project ■ **Bauherr** Client Gemeinde Rüdersdorf mit BSG Brandenburgische Stadterneuerungsgesellschaft mbH ■ **Fläche** 5,3 ha **Area** 5.3 hectare ■ **Jahr** Year 2004 ■ **Projektteam** Project Team Oliver Alten ■ **Adresse** Location Ringstraße, 15378 Rüdersdorf

03  **Königspark, Sotchi, Russland** Kings Park, Sochi, Russia ■ **Entwurf** Layout ■ **Bauherr** Client MR Group Real Estate Development ■ **Architekten** Architects Speech Project ■ **Fläche** 7 ha **Area** 7 hectare ■ **Jahr** Year 2008 ■ **Projektteam** Project Team Stefan Jäckel, Trevor Sears, Katrin Klingberg, Jewgeniy Borshchevskiy ■ **Adresse** Location Kurortniy Prospekt 105A, RU-354000 Sotchi

04  **Stadtteilpark und Stadtplatz für neues Wohnquartier, Neugraben-Fischbek, Hamburg, Deutschland** Neighbourhood park and urban square for the new residential area, Neugraben-Fischbek, Hamburg, Germany ■ **Realisierung nach Wettbewerb** (1. Preis) **Realised Project after competition** (1st prize) ■ **Bauherr** Client Freie und Hansestadt Hamburg ■ **Architekten** Architects SEHW Architekten ■ **Fläche** 5 ha **Area** 5 hectare ■ **Jahr** Year 2008 ■ **Projektteam** Project Team Tobias Micke, Andreas Kotlan, Trevor Sears, Linda Rössler ■ **Adresse** Location S-Bahnhof Neugraben, 21149 Hamburg

05  **Uferpromenade am Luisenhain, Berlin, Deutschland** Embankment walk at Luisenhain, Berlin, Germany ■ **Realisiertes Projekt** Realised Project ■ **Bauherr** Client Land Berlin, Bezirksamt Treptow-Köpenick von Berlin ■ **Fläche** 1,5 ha **Area** 1.5 hectare ■ **Jahr** Year 2006 ■ **Projektteam** Project Team Oliver Alten, Trevor Sears ■ **Adresse** Location Alt-Köpenick, 12555 Berlin

06 **Promenade und Yachthafen für Feriensiedlung auf Halbinsel Zavala, Budva, Montenegro** Promenade and marina for a holiday resort on Zavala Peninsula, Budva, Montenegro ■ **Entwurf** Layout ■ **Bauherr** Client Mirax, Zavala Invest ■ **Architekten** Architects nps tchoban voss ■ **Beteiligte** Parties hereto Marinaplaner Deutsche Marina Consult ■ **Fläche** 5 ha **Area** 5 hectare ■ **Jahr** Year 2008 ■ **Projektteam** Project Team Tobias Micke, Björn Bodem ■ **Adresse** Location Stari Put, Kotor-Put-Bar (E65, E80), ME-Budva

Park für Hauptverwaltung des Sozialverbandes Deutschland e.V., Berlin-Mitte, Deutschland Park for the headquarters of Sozialverband Deutschland e.V., Berlin, Germany ■ **Realisiertes Projekt** Realised Project ■ **Bauherr** Client Sozialverband Deutschland e.V. ■ **Architekten** Architects Léon Wohlhage Wernik Architekten ■ **Fläche** 0,35 ha **Area** 0.35 hectare ■ **Jahr** Year 2003 ■ **Projektteam** Project Team Oliver Alten ■ **Adresse** Location Stralauer Straße 63, 10179 Berlin

 07

Gärten und Steg für Kempinski-Hotel, Nizhniy Novgorod, Russland Gardens and jetty at the Kempinski Hotel, Nizhni Novgorod, Russia ■ **Entwurf** Layout ■ **Bauherr** Client Hotel Balschug Kempinski Moskau ■ **Architekten** Architects Speech Project ■ **Fläche** 2,5 ha **Area** 2.5 hectare ■ **Jahr** Year 2008 ■ **Projektteam** Project Team Stefan Jäckel, Katrin Klingberg ■ **Adresse** Location Naberezhnaya Grebnogo Kanala, RU-603000 Nizhniy Novgorod

 08

Vorplatz und Schulhof für Otto-Hahn-Schule, Berlin-Neukölln, Deutschland Forecourt and schoolyard at the Otto Hahn school, Berlin, Germany ■ **Realisiertes Projekt** Realised Project ■ **Bauherr** Client Land Berlin, Bezirksamt Neukölln ■ **Architekten** Architects ARGE Dohle + Lohse Architekten/Assmann Beraten + Planen ■ **Fläche** 1,5 ha **Area** 1.5 hectare ■ **Jahr** Year 2007 ■ **Projektteam** Project Team Tobias Micke, Oliver Alten, Tse-Hou Hsiao ■ **Adresse** Location Buschkrugallee 63, 12359 Berlin

 09

Nebelgarten für Landesgartenschau, Vöcklabruck, Österreich Mist garden for the Regional Garden Festival, Vöcklabruck, Austria ■ **Realisiertes Projekt** Realised Project ■ **Bauherr** Client Landesgartenschau Vöcklabruck GmbH ■ **Fläche** 0,05 ha **Area** 0.05 hectare ■ **Jahr** Year 2007 ■ **Projektteam** Project Team Tobias Micke, Oliver Alten ■ **Adresse** Location Stadtpark, A-4840 Vöcklabruck

 10

Plaza für Hauptquartier der ThyssenKrupp AG, Essen, Deutschland Plaza for the ThyssenKrupp AG headquarters, Essen, Germany ■ **Wettbewerb** (3. Preis) Competition (3rd prize) ■ **Bauherr** Client ThyssenKrupp AG ■ **Architekten** Architects Zaha Hadid Architects ■ **Fläche** 14 ha **Area** 14 hectare ■ **Jahr** Year 2006 ■ **Projektteam** Project Team Tobias Micke, Björn Bodem ■ **Adresse** Location Altendorfstraße 120, 45128 Essen

 11

Außenareal für Justizvollzugsanstalt Wulkow bei Neuruppin, Deutschland Landscape for the corrective facility, Wulkow, Germany ■ **Realisierung nach Wettbewerb** (1. Preis) Realised Project after competition (1st prize) ■ **Bauherr** Client Ministerium der Finanzen Land Brandenburg ■ **Architekten** Architects Birgit Jürgens mit Bruno Fioretti Marquez Architekten ■ **Fläche** 14 ha **Area** 14 hectare ■ **Jahr** Year 2001 ■ **Projektteam** Project Team Stefan Jäckel, Nicole Uhrig, Margret Becker ■ **Adresse** Location Ausbau 8, 16835 Wulkow

 12

13
Landesgartenschau 2010, Aschersleben, Deutschland Regional Garden Festival 2010, Aschersleben, Germany ■ **Wettbewerb** (4. Preis) Competition (4th prize) ■ **Bauherr Client** Stadt Aschersleben ■ **Fläche** 13 ha **Area** 13 hectare ■ **Jahr Year** 2007 ■ **Projektteam Project Team** Tobias Micke, Björn Bodem, Katrin Klingberg ■ **Adresse Location** Herrenbreite, Bestehornstraße, Wilhelmstraße, Lindenstraße, Parkstraße, 06449 Aschersleben

14
Gärten und Innenhöfe für Krankenhaus, Hedwigshöhe, Berlin, Deutschland Gardens and inner courtyards for Hedwigshöhe Hospital, Berlin ■ **Realisierung nach Wettbewerb** (1. Preis) Realised Project after competition (1st prize) ■ **Bauherr Client** St. Hedwig Kliniken GmbH ■ **Architekten Architects** Brullet Pineda Huber Staudt Architekten ■ **Fläche** 2,3 ha **Area** 2.3 hectare ■ **Jahr Year** 2007 ■ **Projektteam Project Team** Andreas Kotlan, Sabine Bulkeley, Marcus Cordes, Christoph Strauss ■ **Adresse Location** Höhensteig 1, 12526 Berlin

15
Parklandschaft und Atrium für Umweltbundesamt, Dessau, Deutschland Landscape park and atrium at the Federal Environment Agency, Dessau, Germany ■ **Realisiertes Projekt** Realised Project ■ **Bauherr Client** Oberfinanzdirektion Magdeburg vertreten durch Staatshochbauamt Dessau **Architekten Architect**s sauerbruch hutton ■ **Fläche** 2 ha **Area** 2 hectare ■ **Jahr Year** 2005 ■ **Projektteam Project Team** Stefan Jäckel, Bernd Kusserow, Fatma Acar ■ **Adresse Location** Wörlitzer Platz 1, 06844 Dessau

16
Höfe, Park- und Bewegungsflächen für Fabrik Solar Valley, Thalheim, Deutschland Courtyard, park and movement spaces for the Solar Valley factory, Thalheim, Germany ■ **Realisiertes Projekt** Realised Project ■ **Bauherr Client** EverQ GmbH, Q-Cells AG, Solibro ■ **Architekten Architects** Hierholzer Architekten BDA ■ **Fläche** 10,8 ha **Area** 10.8 hectare ■ **Jahr Year** 2008 ■ **Projektteam Project Team** Tobias Micke, Oliver Alten, Martina Oeser ■ **Adresse Location** Sonnenallee, Solar Valley, 06766 Bitterfeld-Thalheim

17
Eingang und Landschaftspark für C & A-Zentrale, Düsseldorf, Deutschland Entrance and landscape park for C & A headquarters, Düsseldorf, Germany ■ **Realisiertes Projekt** Realised Project ■ **Bauherr Client** BAUWERT Portfolio gamma GmbH ■ **Architekten Architects** nps tchoban voss ■ **Fläche** 1,4 ha **Area** 1.4 hectare ■ **Jahr Year** 2007 ■ **Projektteam Project Team** Andreas Kotlan, Sven Kaufrinder ■ **Adresse Location** Wanheimer Straße 70, 40468 Düsseldorf

18
Eingangshof und Garten für Erweiterungsbau Landesarbeitsamt, Berlin-Mitte, Deutschland Entrance area and gardens for the extension of the regional employment office, Berlin, Germany ■ **Realisiertes Projekt** Realised Project ■ **Bauherr Client** Bundesagentur für Arbeit ■ **Architekten Architects** KSP Engel und Zimmermann Architekten ■ **Fläche** 0,49 ha **Area** 0.49 hectare ■ **Jahr Year** 2006 ■ **Projektteam Project Team** Oliver Alten ■ **Adresse Location** Friedrichstraße 34, 10969 Berlin

Felslandschaft für Nationalversammlungsgebäude, Hanoi, Vietnam Landscape for the National Assembly, Hanoi, Vietnam ■ **Entwurf** Layout ■ **Bauherr** Client Ministry of Construction, The Socialist Republic of Vietnam ■ **Architekten** Architects nps tchoban voss ■ **Fläche** 3 ha **Area** 3 hectare ■ **Jahr** Year 2003 ■ **Projektteam** Project Team Stefan Jäckel ■ **Adresse** Location The National Assembly Office of Vietnam, 35 Ngo Quyen St, Hoan Kiem, VN-Hanoi

 19

Vorgärten und Innenhöfe für Haus Rheinlanddamm, Dortmund, Deutschland Front gardens and courtyards for Haus Rheinlanddamm, Dortmund, Germany ■ **Realisiertes Projekt** Realised Project ■ **Bauherr** Client Signal IDUNA Kranken- und Unfallversicherung ■ **Architekten** Architects KSP Engel und Zimmermann Architekten ■ **Fläche** 0,4 ha **Area** 0.4 hectare ■ **Jahr** Year 2003 ■ **Projektteam** Project Team Oliver Alten, Christoph Strauss ■ **Adresse** Location Rheinlanddamm 185, 44139 Dortmund

 20

Vorfeld für Hauptverwaltung, Süddeutscher Verlag, München, Deutschland Forecourt at the headquarters of Süddeutscher Verlag, Munich, Germany ■ **Realisiertes Projekt** Realised Project ■ **Bauherr** Client Süddeutscher Verlag ■ **Architekten** Architects GKK+ Architekten ■ **Fläche** 2,2 ha **Area** 2.2 hectare ■ **Jahr** Year 2008 ■ **Projektteam** Project Team Tobias Micke, Bernd Kusserow ■ **Adresse** Location Hultschiner Straße, 81677 München

 21

Innenhof für Tripoli Greens Conference Complex, Tripolis, Libyen Courtyard at the Tripoli Greens Conference Complex, Tripoli, Libya ■ **Wettbewerb** (1. Preis) Competition (1st prize) ■ **Bauherr** Client ODAC Organization for Development of Administrative Centers ■ **Architekten** Architects Léon Wohlhage Wernik Architekten ■ **Fläche** 33 ha **Area** 33 hectare ■ **Jahr** Year 2007 ■ **Projektteam** Project Team Tobias Micke, Trevor Sears ■ **Adresse** Location Airport Highway, LY-Tripolis

 22

Masterplan und Umgestaltung des Geländes von Bayer Schering Pharma AG, Berlin, Deutschland Master plan and redesign at Bayer Schering Pharma AG, Berlin, Germany ■ **In Realisierung** In Realisation ■ **Bauherr** Client Bayer Schering Pharma AG ■ **Fläche** 90 ha **Area** 90 hectare ■ **Jahr** Year 2010 ■ **Projektteam** Project Team Stefan Jäckel, Jessica Kraus, Marta Dobrzanska, Andreas Kotlan ■ **Adresse** Location Müllerstraße 7, 13342 Berlin

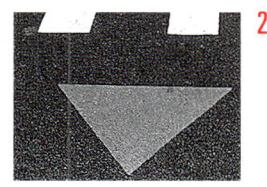 23

Vorplatz für Geschäftshaus Theodor-Heuss-Allee, Frankfurt/Main, Deutschland Forecourt for an office building on Theodor Heuss Allee, Frankfurt/Main, Germany ■ **Realisiertes Projekt** Realised Project ■ **Bauherr** Client Dreyer Brettel & Kollegen Management GmbH ■ **Architekten** Architects Gewers Kühn und Kühn Architekten ■ **Fläche** 0,25 ha **Area** 0.25 hectare ■ **Jahr** Year 2003 ■ **Projektteam** Project Team Oliver Alten, Nicole Uhrig ■ **Adresse** Location Theodor-Heuss-Allee, 60486 Frankfurt/Main

 24

25  **Garten für Norwegische Residenz, Berlin, Deutschland** Garden for the Norwegian Residence, Berlin, Germany ■ **Realisiertes Projekt** Realised Project ■ **Bauherr Client** Königreich Norwegen, vertreten durch Statsbygg ■ **Architekten Architects** Stein Halvarsen A.S., Wahl und Bauer Architekten ■ **Fläche** 0,23 ha **Area** 0.23 hectare ■ **Jahr Year** 1999 ■ **Projektteam** Project Team Bernd Kusserow ■ **Adresse Location** Winkler Straße 15, 14193 Berlin

26  **Passagen und Plätze für Wohnquartier Grünwald, Plateau de Kirchberg, Luxemburg** Urban spaces for the residential area Grünwald, Plateau de Kirchberg, Luxembourg ■ **Wettbewerb** (5. Platz) **Competition** (5th place) ■ **Bauherr Client** Fond d'Urbanisation et d'Amenagement du Plateau de Kirchberg ■ **Beteiligte Parties hereto** Devetak Landschaftsarchitekten, Luxemburg ■ **Fläche** 2 ha **Area** 2 hectare ■ **Jahr Year** 2008 ■ **Projektteam** Project Team Tobias Micke, Mandy Grigowski, Katrin Klingberg ■ **Adresse** Location Rue Edward Steichen, Rue des Labours, Kirchberg, L-1499 Luxemburg

27  **Vorgarten und Garten für Residenz Brahmsstraße, Berlin, Deutschland** Front gardens and gardens for the Brahmsstraße Residence, Berlin, Germany ■ **Realisiertes Projekt** Realised Project ■ **Bauherr Client** Greuzinger und Partner Grundstücks- und Projektentwicklungsgesellschaft mbH ■ **Architekten Architects** Thomas Baumann ■ **Fläche** 0,27 ha **Area** 0.27 hectare ■ **Jahr Year** 2000 ■ **Projektteam** Project Team Bernd Kusserow ■ **Adresse Location** Brahmsstraße 9, 14193 Berlin

28 **Friedhof Heidenstücker, Karlsruhe, Deutschland** Heidenstücker Cemetery, Karlsruhe, Germany ■ **Wettbewerb** (Sonderpreis) **Competition** (exceptional prize) ■ **Bauherr Client** Stadt Karlsruhe ■ **Architekten Architects** MVRDV ■ **Beteiligter Parties hereto** Philosoph Bernd Rosner ■ **Fläche** 17 ha **Area** 17 hectare ■ **Jahr Year** 1988 ■ **Projektteam** Project Team Stefan Jäckel, Tobias Micke, Margret Becker ■ **Adresse Location** Heidenstückerweg, 76185 Karlsruhe

29 **Wohnumfeldverbesserung Biesenbrower Straße und Welsestraße, Berlin, Deutschland** Residential landscape regeneration at Biesenbrower Straße and Welsestraße, Berlin, Germany ■ **Realisiertes Projekt** Realised Project ■ **Bauherr Client** HOWOGE Wohnungsbaugesellschaft mbH ■ **Fläche** 2 ha **Area** 2 hectare ■ **Jahr Year** 1998 ■ **Projektteam** Project Team Tobias Micke, Oliver Alten ■ **Adresse Location** Biesenbrower Straße 2 – 64, Ecke Welsestraße, 13057 Berlin

30 **Grünverbindung und Wegenetz für Wohnhäuser im Schlösserareal und Schlachthof, Düsseldorf, Deutschland** Green corridor and network of paths for a residential development at the Schlösser site and abattoir, Düsseldorf, Germany ■ **Wettbewerb** (1. Preis) **Competition** (1st prize) ■ **Bauherr Client** Stadt Düsseldorf, HVB Immobilien AG ■ **Architekten Architects** Schuster Architekten ■ **Fläche** 8,5 ha **Area** 8.5 hectare ■ **Jahr Year** 2007 ■ **Projektteam** Project Team Stefan Jäckel, Oliver Alten ■ **Adresse Location** Münsterstraße/Rather Straße, 40476 Düsseldorf

Promenaden, Plätze und Parkplätze für Baltic Arena, Danzig, Polen Promenades, squares, car parks for the Baltic Arena, Gdansk, Poland ■ **In Realisierung nach Wettbewerb** (1. Preis) In progress after competition (1st prize) ■ **Bauherr** Client Stadt Danzig ■ **Architekten** Architects RKW Rhode Kellermann Wawrowsky Architektur + Städtebau ■ **Fläche** 33,5 ha **Area** 33.5 hectare ■ **Jahr** Year 2010 ■ **Projektteam** Project Team Oliver Alten, Marta Dobrzanska, Martina Kibler ■ **Adresse** Location Zaglowa,Marynarki Polskiej, Uczniowska, Letnica, PL-80-557 Gdańsk

31

Rathausplatz, Park und Parkplatz, Hennigsdorf, Deutschland Town hall square and car park, Hennigsdorf, Germany ■ **Realisiertes Projekt** Realised Project ■ **Bauherr Client** Stadt Hennigsdorf ■ **Architekten** Architects sauerbruch hutton ■ **Fläche** 1,8 ha **Area** 1.8 hectare ■ **Jahr** Year 2003 ■ **Projektteam** Project Team Bernd Kusserow, Andreas Kotlan, Christine Kratzsch ■ **Adresse** Location Rathausplatz 1, 16761 Hennigsdorf

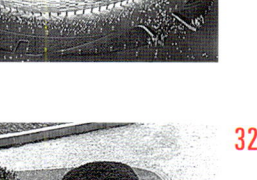

32

Landschaftspark und Plätze für Barwa Financial District, Doha, Quatar Landscape park and public spaces for Barwa Financial District, Doha, Qatar ■ **Entwurf** Layout ■ **Bauherr** Client Barwa Real Estate Company (Q.S.C.) ■ **Architekten** Architects KEO International Consultants Kuwait ■ **Beteiligte** Parties hereto GEA German Engineers & Architects, KEC Kahl Ernst Consultants ■ **Fläche** 6 ha **Area** 6 hectare ■ **Jahr** Year 2007 ■ **Projektteam** Project Team Tobias Micke, Trevor Sears ■ **Adresse** Location West Bay, QA-Doha

33

Fußgängerzone Porschestraße, Wolfsburg, Deutschland Porschestraße pedestrian zone, Wolfsburg, Germany ■ **Realisiertes Projekt** Realised Project ■ **Bauherr** Client Stadt Wolfsburg ■ **Architekten** Architects O.M. Architekten BDA ■ **Fläche** 3,65 ha **Area** 3.65 hectare ■ **Jahr** Year 2009 ■ **Projektteam** Project Team Bernd Kusserow, Uwe Großkopf, Hanna Jonsson, Mandy Grigowski ■ **Adresse** Location Porschestraße, 38440 Wolfsburg

34

Plätze und Wege für neues Stadtquartier Höfdatorg, Reykjavik, Island Squares and paths for a new urban quarter in Höfdatorg, Reykjavik, Iceland ■ **Entwurf** Layout ■ **Bauherr** Client EYKT ■ **Architekten** Architects Léon Wohlhage Wernik Architekten ■ **Fläche** 3 ha **Area** 3 hectare ■ **Jahr** Year 2006 ■ **Projektteam** Project Team Tobias Micke, Oliver Alten ■ **Adresse** Location Höfdatun, IS-105 Reykjavik

35

Kirchplatz, Rheinsberg, Deutschland Church square, Rheinsberg, Germany ■ **Realisiertes Projekt** Realised Project ■ **Bauherr** Client Bauamt Stadt Rheinsberg ■ **Fläche** 0,75 ha **Area** 0.75 hectare ■ **Jahr** Year 1996 ■ **Projektteam** Project Team Stefan Jäckel, Tobias Micke ■ **Adresse** Location Kirchplatz, 16831 Rheinsberg

36

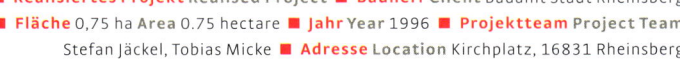

37  **Park für Fernsehturm, Guangzhou, China** Park at the TV Tower, Guangzhou, China ■ **Wettbewerb** (1. Preis) **Competition** (1st prize) ■ **Bauherr Client** Committee of the Architectural Design Competition ■ **Architekten Architects** Léon Wohlhage Wernik Architekten ■ **Fläche** 19 ha **Area** 19 hectare ■ **Jahr Year** 2004 ■ **Projektteam Project Team** Tobias Micke, Trevor Sears ■ **Adresse Location** Yuejiang Road West, Yiyuan Road, Haizhu District, CN-510000 Guangzhou, TJ

38  **Marstallplatz und Quartiershof an Maximilianstraße, München, Deutschland** Marstallplatz and courtyard on Maximilianstraße, Munich, Germany ■ **Realisiertes Projekt Realised Project** ■ **Bauherr Client** Dreyer Brettel & Kollegen Management GmbH, Freistaat Bayern ■ **Architekten Architects** Gewers Kühn und Kühn Architekten ■ **Fläche** 1,2 ha **Area** 1.2 hectare ■ **Jahr Year** 2006 ■ **Projektbearbeiter Project Team** Tobias Micke, Bernd Kusserow, Fatma Acar ■ **Adresse Location** Hofgartenstraße, Marstallplatz, Maximilianstraße, 80539 München

39  **Fußgängerzone und Stadtplätze, Lübeck, Deutschland** Pedestrian zone and urban squares, Lübeck, Germany ■ **Wettbewerb** (Ankauf) **Competition** (purchase) ■ **Bauherr Client** Hansestadt Lübeck ■ **Architekten Architects** Anderhalten Architekten ■ **Fläche** 1,4 ha **Area** 1.4 hectare ■ **Jahr Year** 2007 ■ **Projektteam Project Team** Tobias Micke, Björn Bodem, Katrin Klingberg ■ **Adresse Location** Schrangen, Breite Straße, Kohlmarkt, Sandstraße, Klingenberg, 23552 Lübeck

40  **Fußgängerzone Wiesbaden, Deutschland** Wiesbaden pedestrian zone, Germany ■ **Realisierung nach Wettbewerb** (1. Preis) **Realised Project after competition** (1st prize) ■ **Bauherr Client** Landeshauptstadt Wiesbaden ■ **Fläche** 3 ha **Area** 3 hectare ■ **Jahr Year** 2009 ■ **Projektteam Project Team** Tobias Micke, Oliver Alten, Katrin Klingberg, Martina Kibler ■ **Adresse Location** Kirchgasse und Langgasse, 65183 Wiesbaden

347

62 Uferpromenade, Dorfzentren mit Freizeitangeboten für Feriensiedlung auf der Insel Uglian, Kroatien Waterfront promenade and village centres with recreational facilities for holiday resort on the Island of Ugljan, Croatia ■ Wettbewerb (1. Preis) Competition (1st prize) ■ Bauherr Client Deepblue Croatia, Duboko Plavetnilo d.o.o. ■ Architekten Architects RKW Rhode Kellermann Wawrowsky Architektur + Städtebau, Kersten + Kopp ■ Fläche 36,4 ha Area 36.4 hectare ■ Jahr Year 2006 ■ Projektteam Project Team Stefan Jäckel, Tobias Micke, Oliver Alten, Jessica Kraus ■ Adresse Location Insel Ugljan

63 Gutachten für Innenstadtentwicklung, Velten, Deutschland Report on the development of the city centre of Velten, Germany ■ Gutachten Expertise ■ Bauherr Client Stadt Velten ■ Fläche 0,5 ha Area 0.5 hectare ■ Jahr Year 2006 ■ Projektteam Project Team Tobias Micke, Bernd Kusserow ■ Adresse Location Rathausstraße, 16727 Velten

64 Außenanlagen für Atelierhäuser, Berlin-Zehlendorf, Deutschland Landscape design for studio buildings, Berlin-Zehlendorf, Germany ■ Entwurf Layout ■ Bauherr Client Berlin Assets GmbH ■ Architekten Architects AS Assman Salomon Architekten ■ Fläche 0,74 ha Area 0.74 hectare ■ Jahr Year 2005 ■ Projektteam Project Team Stefan Jäckel, Andreas Kotlan ■ Adresse Location Königsweg 5, 14163 Berlin

65 Anlieferflächen und Dachterrasse für FANUC Robotics, Neuhausen a. d. F., Deutschland Delivery area and roof terrace for FANUC Robotics, Neuhausen a. d. F., Germany ■ Realisiertes Projekt Realised Project ■ Bauherr Client FANUC Robotics Deutschland GmbH ■ Architekten Architects Gewers Kühn und Kühn Architekten ■ Fläche 1,1 ha Area 1.1 hectare ■ Jahr Year 2005 ■ Projektteam Project Team Bernd Kusserow ■ Adresse Location Bernhäuser Straße 22, 73765 Neuhausen auf den Fildern

66 Dach- und Hofflächen für Wohnhaus, Berlin-Lichtenberg, Deutschland Roof landscape and courtyards for residential development, Berlin-Lichtenberg, Germany ■ Realisiertes Projekt Realised Project ■ Bauherr Client Altenzentrum Erfülltes Leben gGmbH ■ Architekten Architects Architekturbüro Stefan Bonnet ■ Fläche 0,22 ha Area 0.22 hectare ■ Jahr Year 2005 ■ Projektteam Project Team Oliver Alten ■ Adresse Location Volkradstraße 30, 10319 Berlin

67 Innenhöfe und Vorgärten für drei Bürogebäude, Berlin-Tiergarten, Deutschland Courtyards and front gardens for three office blocks, Berlin-Tiergarten, Germany ■ Realisiertes Projekt Realised Project ■ Bauherr Client Züblin Projektentwicklung GmbH ■ Architekten Architects Urbanforms Architekten, Eike Becker Architekten, Nöbel Architekten ■ Fläche 0,6 ha Area 0.6 hectare ■ Jahr Year 2004 ■ Projektteam Project Team Bernd Kusserow ■ Adresse Location Bülowstraße 66, 10783 Berlin

68 Konzeptstudie und Masterplan Licht für Oberes Mittelrheintal, Deutschland Concept study and lighting master plan for Oberes Mittelrheintal, Germany ■ Konzeptstudie Concept study ■ Bauherr Client SÜWAG Energie AG ■ Beteiligte Parties hereto 3L-Lichtplaner ■ Fläche 60 km Länge Area 60 km length ■ Jahr Year 2004 ■ Projektteam Project Team Tobias Micke, Oliver Alten, Jessica Kraus ■ Adresse Location Oberes Mittelrheintal

76 **Masterplan für Wohngebiet Südspitze Marzahn, Berlin, Deutschland** Master plan for the residential area Südspitze Marzahn, Berlin, Germany ■ **Masterplan** Master plan ■ **Bauherr** Client degewo Wohnungsbaugesellschaft Marzahn ■ **Architekten** Architects Assmann Salomon Scheidt Architekten, Hierholzer, von Rudzinski Architekten ■ **Fläche** 3 ha **Area** 3 hectare ■ **Jahr** Year 2003 ■ **Projektteam** Project Team Oliver Alten ■ **Adresse** Location Märkische Allee, Allee der Kosmonauten, Marchwitzastraße, 12681 Berlin

77 **Spiel- und Aufenthaltsflächen für ein Büro- und Wohngebäude, Berlin-Mitte, Deutschland** Play and recreation areas for an office and residential building, Berlin-Mitte, Germany ■ **Realisiertes Projekt** Realised Project ■ **Bauherr** Client Züblin Projektentwicklung GmbH ■ **Architekten** Architects Walter Nöbel Architekten ■ **Fläche** 0,11 ha **Area** 0.11 hectare ■ **Jahr** Year 2002 ■ **Projektteam** Project Team Oliver Alten ■ **Adresse** Location Voßstraße 16, 10117 Berlin

78 **Wohnumfeldverbesserung im sozialen Wohnungsbau, Berlin-Lichtenberg, Deutschland** Residential landscape regeneration for public housing, Berlin-Lichtenberg, Germany ■ **Realisiertes Projekt** Realised Project ■ **Bauherr** Client HOWOGE Wohnungsbaugesellschaft mbH ■ **Architekten** Architects Baukro Ingenieurgesellschaft ■ **Fläche** 0,88 ha **Area** 0.88 hectare ■ **Jahr** Year 2002 ■ **Projektteam** Project Team Oliver Alten ■ **Adresse** Location Am Tierpark 53 – 91, Criegernweg 1, 2, 10319 Berlin

79 **Straßenplätze und Spielplatz für neues Wohnquartier Giersberg, Braunschweig, Deutschland** Street squares and a playground for new residential area Giersberg, Braunschweig, Germany ■ **Realisiertes Projekt** Realised Project ■ **Bauherr** Client Vepro GmbH Projektentwicklungs- und Grundstücksverwaltung ■ **Architekten** Architects ARGE WAG mit Giesler Architekten, Stephan Thiele Architekten ■ **Fläche** 0,85 ha **Area** 0,85 hectare ■ **Jahr** Year 2002 ■ **Projektteam** Project Team Stefan Jäckel ■ **Adresse** Location 30559 Braunschweig

80 **Außenanlagen für Reihenhaus- und Mietvillensiedlung Neues Schweizer Viertel, Berlin-Lichterfelde, Deutschland** Landscape design for row housing and tenement villas estate Neues Schweizer Viertel, Berlin-Lichterfelde, Germany ■ **Realisiertes Projekt** Realised Project ■ **Bauherr** Client GAGFAH und Haberent Schweizer Viertel Grundstücks GmbH ■ **Architekten** Architects Kay Wieland, WPG, Werkplangruppen GmbH, Assmann Salomon Scheidt Architekten ■ **Fläche** 14 ha **Area** 14 hectare ■ **Jahr** Year 2002 ■ **Projektteam** Project Team Bernd Kusserow, Nicole Uhrig, Christoph Strauss ■ **Adresse** Location Lausanner Straße/Altendorfer Straße, 12205 Berlin

81 **Wohnumfeldverbesserung mit Müll-, Stellplatzkonzept und Spielanlagen, Berlin-Lichtenberg, Deutschland** Residential landscape regeneration including waste concept, car park concept and play areas, Berlin-Lichtenberg, Germany ■ **Realisiertes Projekt** Realised Project ■ **Bauherr** Client HOWOGE Wohnungsbaugesellschaft mbH ■ **Fläche** 0,82 ha **Area** 0.82 hectare ■ **Jahr** Year 2001 ■ **Projektteam** Project Team Oliver Alten ■ **Adresse** Location Balatonastraße 2 – 18, Volkradstraße 29 – 43, Sewanstraße 131 – 155, 10319 Berlin

82 **Wohnumfeldverbesserung mit Müll- und Stellplatzkonzept, Berlin-Lichtenberg, Deutschland** Residential landscape regeneration including waste concept and car park concept, Berlin-Lichtenberg, Germany ■ **Realisiertes Projekt** Realised Project ■ **Bauherr** Client HOWOGE Wohnungsbaugesellschaft mbH ■ **Fläche** 5,8 ha **Area** 5.8 hectare ■ **Jahr** Year 2001 ■ **Projektteam** Project Team Oliver Alten ■ **Adresse** Location Elli-Voigt-Straße, Vulkanstraße, Landsberger Allee, 10367 Berlin

Neuanlage des Marktplatzes, Strausberg, Deutschland Refurbishment of Market Square, Strausberg, Germany ■ **Wettbewerb** (2. Preis) Competition (2nd prize) ■ **Bauherr** Client BSG Brandenburgische Stadterneuerungs GmbH, Stadtplanungsamt Strausberg ■ **Fläche** 0,8 ha Area 0.8 hectare ■ **Jahr** Year 2001 ■ **Projektteam** Project Team Oliver Alten, Bernd Kusserow ■ **Adresse** Location Predigerstraße, 15344 Strausberg **83**

Umfeldverbesserung und Stellplatzkonzept für Wohnungsbauten, Berlin-Lichtenberg, Deutschland Residential landscape regeneration and car park concept for a housing development, Berlin-Lichtenberg, Germany ■ **Realisiertes Projekt** Realised Project ■ **Bauherr** Client HOWOGE Wohnungsbaugesellschaft mbH ■ **Fläche** 1,15 ha Area 1.15 hectare ■ **Jahr** Year 2000 ■ **Projektteam** Project Team Oliver Alten ■ **Adresse** Location Egon-Erwin-Kisch-Straße, Enst-Barlach-Straße, Warnemünder Straße, 13059 Berlin **84**

Wassergärten im Landschaftspark Nordufer Cospuden, Leipzig, Deutschland Water gardens at the landscape park Nordufer Cospuden, Leipzig, Germany ■ **Realisiertes Projekt** Realised Project ■ **Bauherr** Client Stadt Leipzig ■ **Beteiligte** Parties hereto Knoll Ökoplan GmbH ■ **Fläche** 0,08 ha Area 0.08 hectare ■ **Jahr** Year 2000 ■ **Projektteam** Project Team Tobias Micke ■ **Adresse** Location Cospudener See, Leipzig **85**

Steinerner Hof und Gartenhof für Wohnhaus, Berlin-Prenzlauer Berg, Deutschland Paved courtyard and garden for residential development, Berlin-Prenzlauer Berg, Germany ■ **Realisiertes Projekt** Realised Project ■ **Bauherr** Client Alfred Biolek ■ **Architekten** Architects Wahl und Bauer Architekten ■ **Fläche** 0,09 ha Area 0.09 hectare ■ **Jahr** Year 2000 ■ **Projektteam** Project Team Stefan Jäckel ■ **Adresse** Location Saarbrücker Straße 6, 10405 Berlin **86**

Außenanlagen für Plattenbau Potsdam, Deutschland Landscape design for housing estate, Potsdam, Germany ■ **Realisiertes Projekt** Realised Project ■ **Bauherr** Client GEWOBA Wohnungsverwaltungsgesellschaft Potsdam mbH ■ **Fläche** 0,4 ha Area 0.4 hectare ■ **Jahr** Year 1999 ■ **Projektteam** Project Team Stefan Jäckel ■ **Adresse** Location Auf dem Kiewitt 1 – 2, 14471 Potsdam **87**

Team Team

STEFAN JÄCKEL

Dipl.-Ing. Landschafts-
architekt (FH),
Geschäftsführer

TOBIAS MICKE

Dipl.-Ing. Landschafts-
architekt (FH),
Geschäftsführer

KATRIN KLINGBERG

Dipl.-Päd. Germanistik,
Slawistik, Prokuristin

ANDREAS KOTLAN

Dipl.-Ing. Landschafts-
architektur (FH),
Projektleiter

JESSICA KRAUS

Dipl.-Ing. Landschafts-
architektur
Projektleiterin

BERND KUSSEROW

Dipl.-Ing. Landschafts-
architektur (FH),
Projektleiter

TREVOR SEARS

Master of Landscape
Architecture,
Projektleiter

KOLJA WISCHNEWSKI

Dipl.-Ing. Landschafts-
planung, Projektbearbeiter

PHILIP ZAPF

Dipl.-Ing. Landschaftsarchitektur (FH), Projektbearbeiter

CHRISTIAN ZIMMERMANN

Dipl.-Ing. Landschafts-
planung, Projektbearbeiter

HORST WOHLERT

IT-Administrator

Ehemalige Former

Fatma Acar ■ Eike Ahlhausen ■ Jonas Albrecht ■ Simone Assmann ■ Ricarda Bäcker ■ Margret Becker ■ Anna Bernhard ■ Brigitte Beyer ■ Ira Brandt ■ Jessica Susan Bridger ■ Frank Bünger ■ Folke Bulda ■ Arne Burghardt ■ Rosa Brullet ■ Hugo Caneiro ■ Britta Carlson ■ Muhammed Celibi ■ Marcus Cordes ■ Justina Drexler ■ Peter Eberz ■ Celestino Jon Ferrer ■ Marion Fort ■ Jochen Garms ■ Anna Bettina Gerlach ■ Linda Gertel ■ Svenja Goltz ■ Mandy Grigowski ■ Theres Haase ■ Sibylla Härtel ■ Iris Hartwig ■ Merlin Hartwig ■ Sabine Heipl ■ Anico Herbst ■ Britta Horn ■ Burkhard Hoppe ■ Ines Hummel ■ Hanna-Elisabeth Jonsson ■ Max Ihlow ■ Iris Jagow ■ Naemi Kappstein ■ Wolfgang Käfer ■ Milena Kalojanov ■ Evelyne Kamraddt ■ Sven Kaufrinder ■ Jan Klette ■ Enrico Kliem ■ Christian Klingberg ■ Kerstin Köhler ■ Elisabeth Köllmann ■ Alex Krämer ■ Christine Kratzsch ■ Stefan Kulle

▷ 2009

OLGA LYSTSOVA

Dipl.-Kunsthistorikerin,
Sekretariat

OLIVER ALTEN

Dipl.-Ing. Landschafts-
architekt (FH),
Projektleiter

BJÖRN BODEM

Dipl-Ing. Landschafts-
architektur (FH),
Projektleiter

▷ 2009

MARTA DOBRZANSKA

Dipl.-Ing. Landschafts-
architektur (FH),
Projektleiterin

▷ 2009

JEWGENIY BORSHCHEVSKIY

Dipl.-Ing. Architektur,
Projektbearbeiter

UWE GROSSKOPF

Techniker Garten-, Land-
schafts-, Sportplatzbau,
Projektbearbeiter

MARTINA KIBLER

Dipl.-Ing Landschafts-
architektur (FH),
Projektbearbeiterin

▷ 2009

MARKUS KOHLKE

Dipl.-Ing. Landschafts-
architektur (FH),
Projektbearbeiter

▷ 2009

IRIS KOPP

Studentin Landschafts-
architektur, Praktikantin

CLAUDIA SCHONERT

Studentin Landschafts-
architektur, Praktikantin

CHRISTINE SIMA

Studentin Landschafts-
architektur, Praktikantin

▷ 2009

RALF WIEDOM

Bauschlosser, Betonsanierer,
Hausmeister

■ Carola Kusch ■ Mareike Lamm ■ Miguel Loos ■ Lioba Lissner ■ Xin Liu ■ Dorothea Marschall ■ Felix Metzler ■ Finn Möhle ■ Kristina Nähr ■ Claudia Nicklisch ■ Hannes Nolte ■ Stefan Odebralski ■ Martina Oeser ■ Zsuzsanna Orcsik ■ Jörn Pabst ■ Annette Pgetz ■ Christian Polzin ■ Klaus Pellmann ■ Jan Pfeifer ■ Ronny Rätz ■ Sylvia Richel ■ Soo-Jin Rim ■ Steffan Robel ■ Linda Rösler ■ Franka Rose ■ Imke Singer ■ Manuela Salinksi ■ Almuth Schott ■ Rabea Seibert ■ Lennaart Sirag ■ Kay Specht ■ Petra Stegemann ■ Grazyna Stepniak ■ Monika Stotmeister ■ Christoph Strauss ■ Katrin Teller ■ Stefanie Thormann ■ Annegret Trümer ■ Nicole Uhrig ■ Tse-Hou Hsiao ■ Ulrich Uphaus ■ Rui Vilela ■ Andrea Voigt ■ Anna Voronina ■ Haike Weichel ■ Anja Wendorf ■ Corinna Westermann ■ Falk Wilhelm ■ Liu Yang ■ Katja Zachlod ■ Yuechan Zheng ■ Anja Zühlke

Dank Acknowledgements

Ein Buch braucht viel Zeit und viele Menschen. Es setzt einen Kontrapunkt in unserer Ära der Schnelllebigkeit.

Wir danken allen, die uns in diesem Schaffensprozess begleitet und diesen auch ermöglicht haben.

Ein ganz großes Dankeschön an Frank Dickmann und Ulrich Klösser von der BESCO Berliner Steincontor GmbH und Georg Firsching und Michael Schindel von der Flöter & Uszkureit Garten-, Landschafts- und Sportplatzbau GmbH.

Ein besonderer Dank gilt unserer Herausgeberin Kristin Feireiss.

Unseren Bauherren danken wir für das Vertrauen, solch anspruchsvolle Projekte realisieren zu dürfen.

Was wären wir ohne unsere Mitarbeiter, – vom Projektbearbeiter, über den IT-Manager bis zum Hausmeister – , die uns seit vielen Jahren kontinuierlich begleiten, zu uns stehen, sich mit uns weiterentwickeln oder als Praktikanten oder Berufsanfänger frischen Wind ins Büro bringen. Wir bedanken uns speziell bei Trevor Sears und Christian Zimmermann für ihr Engagement bei der Bearbeitung der unzähligen Daten für das Buch.

Wir danken Dir, liebe Sonja Frank, als Grafikerin des Buches, Dir, lieber Siegmar Hiller, als Produktioner, und Ihnen, liebe Caroline Ahrens, als Übersetzerin für die tolle Zusammenarbeit. Es war ein fruchtbares Geben und Nehmen.

Lieber Marcus Bredt, danke, dass Du unsere Idee von den lebendigen Freiräumen fotografisch umgesetzt hast, und Euch, lieber Rui Vilela und lieber Claus Schwing, danke für die Perspektiven der noch nicht realisierten Projekte.

Dem Prestel Verlag gilt unser herzlicher Dank für die tolle Kooperation.

Unseren Familien, besonders unseren Kindern Christian, Fiona, Merlin und Sebastian, danken wir für ihre große Begeisterung und ihr Verständnis bei der Entstehung des Buches.

Wir sind um eine große Erfahrung reicher!

A book takes time and involves many people. A counterpoint to the speed of our fast-living age.

We would like to thank everyone who contributed to the creative process and made it possible.

A special thank you to Frank Dickmann and Ulrich Klösser, BESCO Berliner Steincontor GmbH and Georg Firsching and Michael Schindel, Flöter & Uszkureit Garten-, Landschafts- und Sportplatzbau GmbH.

A special thank you to our editor Kristin Feireiss.

Thank you to our clients for their trust and for allowing us to implement such complex projects.

Where would we be without our team, from project staff to IT-manager to caretaker, who have assisted us over the years, developed along with us, supported us, or without the trainees and young professionals who have brought a breath of fresh air into the practice. But most of all we are in debt to Trevor Sears and Christian Zimmermann for their commitment and the vast amount of data preparation needed for the book.

For the excellent teamwork we are grateful to you, dear Sonja Frank, graphic designer of the book, and you, dear Siegmar Hiller, the production manager, and to Caroline Ahrens, the translator. It was a fruitful process of give and take.

Dear Marcus Bredt, thank you for transposing our idea of vibrant open spaces into photographic images, and you, dear Rui Vilela and Claus Schwing, for the perspectives of the projects yet to be realised.

Thank you to the Prestel Verlag for their great cooperation.

We would like to thank our families, especially our children, Christian, Fiona, Merlin and Sebastian, for their encouragement and understanding during the making of this book.

We have learned such a lot!

Stefan Jäckel, Katrin Klingberg, Tobias Micke
ST raum a. LANDSCHAFTSARCHITEKTUR

Stefan Jäckel, Katrin Klingberg, Tobias Micke
ST raum a. LANDSCHAFTSARCHITEKTUR

Fotonachweis Photo credits

Fotografie Photo credits:

Frank-Michael Arndt: 10; Der Baecker: 220/221; Jordi Bernado: 139–141; Marcus Bredt: Cover, 2/3, 26, 29, 51–55, 63–67, 71–77, 85–89, 99–109, 147–153, 157–163, 177–183, 199–207, 216–219, 243–247, 274/275, 277–279, 287–293, 311–319, 327–335; Andreas Burkhard: 42/43, 46–47; Theo d'Or: 68/69; Herbert Gembé: 90/91; Wilmar Koenig: 223–227; Thomas Kunz: 38/39; Fulvio Orsenigo: 126–129; Frank H. Richter: 273, 276; Andreas Saladin: 236/237; ST raum a.: 41, 44/45, 47, 137–139, 167–173, 191–195, 215, 219, 233–235, 248/249, 255–259, 301–303; Markus Spiske: 96/97; Fotolia.com: auris: 284/285; Martin Berg: 184/185; Boris: 154/155; Bruno Bernier: 48/49; Capnord: 82/83; cdrcom: 61/60; clearviewstock: 118/119; Jean-Luc Cochonneau: 304/305; Jerzy Czarkowski: 266/267; Liv Friis-larsen: 188/189; Wojciech Gajda: 174/175; Christina Hanck: 112/113; Dana Heinemann: 78/79; Christian Jung: 130/131; Bernd Jürgens: 212/213; mac72: 134/135; Makuba: 164/165; malina: 208/209; Eugenijus Marozas: 110/111; Vladimir Melnik: 252/253; Pedro Nogueira: 196/197; LucasOms: 260/261; Palermo: 294/295; Ray: 56/57; RENI: 270/271; Rosetta T.: 230/231; Stefan Stelzer: 298/299; Dragan Trifunovic: 320/321; U.P. Images: 308/309; Markus Wegner: 280/281; istockphoto.com: Eric Hood: 144/145; mm88: 240/241; Deutsches Textilmuseum Krefeld: Inv.-Nr. PT 164 A: 324/325; Landesgartenschau Vöcklabruck GmbH 113–117, a. altschaffel, Wolfsburg: 290 (Monika Thomas); Gitty Darugar, Paris: 86 (Hilde Léon); Udo Hesse: 202 (Tilman Richter von Senfft)314 (Oliver Kühn); Erik-Jan Ouwerkerk: 150 (Juan Lucas Young), 274 (Jens Ludloff)

Perspektiven Renderings:

RKW Rhode Kellermann für Wawrowsky Architektur + Städtebau: 269; Adrian König für Léon Wohlhage Wernik Architekten, Berlin: 211; nps tchoban voss: 187; Michael Palm: 59; Claus Schwing: 93, 133, 283, 323; Rui Vilela: 33, 81, 121, 239, 251, 263, 297; Léon Wohlhage Wernik Architekten, Berlin: 307

© Prestel Verlag, München · Berlin · London · New York 2009

Prestel Verlag
Königinstraße 9
80539 München
Tel. +49 (0)89 24 29 08-300
Fax +49 (0)89 24 29 08-335
www.prestel.de

Prestel Publishing Ltd.
4 Bloomsbury Place
London WC1A 2QA
Tel. +44 (0)20 7323-5004
Fax +44 (0)20 7636-8004

Prestel Publishing
900 Broadway, Suite 603
New York, N.Y. 10003
Tel. +1 (212) 995-2720
Fax +1 (212) 995-2733
www.prestel.com

Prestel books are available worldwide. Please contact your nearest bookseller or one of the above addresses for information concerning your local distributor.

Die Deutsche Nationalbibliothek verzeichnet diese Publikation in der Deutschen Nationalbibliografie; detaillierte bibliografische Daten sind im Internet über http://dnb.ddb.de abrufbar.

The Library of Congress Cataloguing-in-Publication data is available. British Library Cataloguing-in-Publication Data: a catalogue record for this book is available from the British Library. The Deutsche Bibliothek holds a record of this publication in the Deutsche Nationalbibliografie; detailed bibliographical data can be found under: http://dnb.ddb.de

Übersetzung ins Englische Translation into English:
Caroline Ahrens, Hamburg
Lektorat der englischen Texte Copy-editing of the English texts:
Danko Szabo, München
Design und Layout Design and Layout:
Sonja Frank Grafikdesign, Berlin
Herstellung Production:
HillerMedien, Berlin
Repro Origination:
bildpunkt, Berlin
Druck und Bindung Printing and binding:
Druckerei Uhl, Radolfzell

Printed in Germany on acid-free paper

ISBN 978-3-7913-4305-1